DANS LES ENGRENAGES D'UNE ONG INTERNATIONALE DE DEVELOPPEMENT

5-7, rue de l'Ecole polytechnique, 75005 Paris

http://www.harmattan.fr
diffusion.harmattan@wanadoo.fr
harmattan1@wanadoo.fr
ISBN : 978-2-343-06875-6
EAN : 9782343068756

Roberta Rubino

DANS LES ENGRENAGES D'UNE ONG INTERNATIONALE DE DEVELOPPEMENT

Gouverner les ingouvernables

Préface de Pascal Le Rest

L'Harmattan

ETHNOGRAPHIQUES

Collection dirigée par Pascal LE REST

Ethnographiques veut entraîner l'œil du lecteur aux couleurs de la vie, celle des quartiers et des villes, des continents et des îles, des hommes et des femmes, des jeunes et des vieux, des Blancs et des Noirs. Saisir le monde et le restituer en photographies instantanées, de façon sensible et chaude, proche et humaine, tout en préservant la qualité des références, des méthodes de traitement de l'information et des techniques d'approche est notre signe et notre ambition.

Déjà parus

Jacques HUGUENIN, *La révolte des « Vieilles » : Les Panthères Grises toutes griffes dehors*, 2003.
Pascal LE REST, *Des Rives du sexe*, 2003.
Mohamed DARDOUR, *Corps et espace chez les jeunes Français Musulmans, Socioanthropologie des rapports de genre*, 2008.
Bertrand ARBOGAST, *Voyage initiatique d'un adolescent*, 2009.
Pascal LE REST, *Ethnographie d'un parcours adolescent. Une jeunesse entre béton et bitume*, 2010.
Bertrand ARBOGAST, *La tondue. Un amour de jeunesse franco-allemand*, 2010.
Muriel SANTORO, Mon voisin de maiz. Voyage au Guatemala au cœur de la culture maya, 2010.
Pascal LE REST, *Banlieue sud et le dix-septième printemps, Ethnographie d'un parcours adolescent*, 2011.
Pascal LE REST, *La marche du temps, Ethnographie d'un parcours adolescent*, 2011.
Bertrand ARBOGAST, *Ethnographie d'un village si ordinaire*, 2012.
Philippe LIPCHITZ, *Nouveau far west*, 2014.
Pascal LE REST, *La Trilogie du jeu de vivre, livre 1, Les promesses du monde*, 2014.
Pascal LE REST, *La Trilogie du jeu de vivre, livre 2, Le temps des blessures*, 2014.
Pascal LE REST, *La Trilogie du jeu de vivre, livre 3, Le tumulte des vagues*, 2014.
Nicole ESCHENLOHR, *Le Caméléon et la mort en Afrique*, 2015.
Roberta RUBINO, *La production du coton biologique et équitable au Mali*, 2015.
Pascal LE REST, *La course en avant*, 2015.

À Thierry

TABLE DE MATIÈRES

PRÉFACE DE PASCAL LE REST

Dans les engrenages d'une ONG internationale de développement, Gouverner les ingouvernables est le second livre de Roberta RUBINO, dans la collection Ethnographiques. Après *La production du coton biologique et équitable au Mali, Au-delà du don et du marché,* la jeune ethnologue, diplômée de l'université de Naples en Relations internationales et en Etudes diplomatiques en 2004, puis docteur en ethnologie en 2013 à la suite d'un cursus à l'Ecole des Hautes Etudes en Sciences Sociales (EHESS), entraîne son lecteur dans un voyage captivant, une enquête passionnante dans les ressorts d'une ONG internationale. Pas à pas, Roberta RUBINO défait les représentations sociales dominantes à propos du commerce équitable, de la production biologique, du rôle des ONG en matière de développement et d'émancipation, pour nous conduire à repenser autrement les relations complexes et imbriquées entre les producteurs du Sud et les consommateurs du Nord.

A lire l'ethnologue, impliquée totalement dans une pratique de terrain difficile et exigeante, on comprend mieux en quoi le commerce équitable demeure toujours du commerce et comment les différents aspects de la globalisation économique sont réactualisés aussi en matière de production biologique. Dans un travail qui se lit comme un roman policier, Roberta RUBINO montre également que les questions d'expertise technique, au centre des préoccupations de production, cohabitent avec des enjeux de principes démocratiques. Mais comme elle le dit, « *dès que l'on décide de reconstruire les logiques d'action et de fonctionnement du segment ultime d'une ONG internationale, mieux vaut oublier l'image que sa partie la plus visible donne à voir* ». Elle témoigne néanmoins d'une réalité rassurante : une ONG peut s'enfoncer dans son terrain, et y planter des racines profondes, qui favorisent des capacités de résilience lorsque des moments de crise surviennent, d'ordre politique, économique ou climatique.

Roberta RUBINO, et ce n'est pas le moindre de ses mérites, nous permet aussi d'approcher au plus près des acteurs qu'elle côtoie, nous livrant leurs expériences de vie et parfois leurs doutes ou leurs inquiétudes. Chemin faisant, on entre dans une forme de compréhension des personnalités qui opèrent dans les organisations, on suit les logiques à l'œuvre et les raisons d'agir des personnes.

Le rythme de l'écriture est vivant et à l'image de la mobilité de Roberta sur le terrain, qui traduit que la première des caractéristiques du travail d'une ONG réside dans la vitesse d'exécution des missions de micro-équipes, de trois ou quatre personnes, dont la réactivité est à la source des réussites ou des échecs.

Enfin, si l'ONG produit des catégories morales, c'est en raison du fait que la moralité de ses actions est une condition nécessaire à son existence, au fondement même de ce qui la constitue. La relation avec ses clients est basée sur des affects et la construction de cette relation repose sur des stratégies de séduction du public, qui doit être ému et sensibilisé à des réalités de vie éloignées de ses préoccupations quotidiennes. Roberta décode ainsi le langage élaboré par l'ONG pour réduire la distance entre ce public et les destinataires de son aide.

Etude de terrain passionnante, alliant de multiples techniques d'approches et d'analyses, Roberta RUBINO signe encore un très beau livre d'ethnologie, servie par une plume aussi fine qu'élégante.

Pascal LE REST
Docteur en ethnologie
Ethnométhodologue
Diplômé d'Etat en Ingénierie Sociale
Directeur des collections Ethnographiques et Educateurs et préventions chez L'Harmattan
Directeur du cabinet Conseil et Formation à Chartres
Conseiller technique à l'ADSEA77
Enseignant et formateur dans de nombreuses écoles

PRÉSENTATION

Cette étude interroge les pratiques, les discours et le fonctionnement de l'un des acteurs les plus importants présents sur la scène de la coopération internationale : les ONG. La réalisation, au Mali, d'un projet pour la production du coton biologique destiné au commerce équitable a été l'instrument qui a permis d'explorer le modèle de développement que les ONG véhiculent, et de saisir les particularités de cette forme spécifique de coopération.

À partir des années cinquante, au lendemain de la décolonisation, de plus en plus nombreuses sont les ONG qui, nées pour fournir de l'assistance aux victimes de guerre, s'engagent pour le développement des sociétés du *tiers-monde*. L'aide au développement sera ainsi à l'origine de toute une mouvance, et les ONG s'imposent progressivement comme l'un des vecteurs majeurs des coopérations internationales. Leurs résultats sont régulièrement opposés aux échecs des nombreux programmes bilatéraux ou multilatéraux de la coopération publique Nord/Sud. Leur efficacité paraît supérieure à celle des opérateurs de l'aide publique au développement. S'appuyant sur des partenariats locaux, elles semblent manifester une capacité à agir et à toucher au plus près les populations que les autres institutions de la coopération avaient des difficultés à approcher. En effet, les ONG cherchent à créer des liens avec les communautés locales et à leur servir de porte-parole international. Elles multiplient les actions collectives à caractère politique et économique qui s'inscrivent dans un mouvement plus vaste de *transnationalisation des pratiques et des discours de solidarité*.

Les mécanismes de solidarité à distance, à travers lesquels les ONG envisagent de fonder des partenariats Nord/Sud sur des bases plus égalitaires, semblent révolutionner les pratiques d'aide au développement conçues jusqu'alors par les grandes institutions internationales. Dès lors, l'éthique et la morale seront utilisées pour décrire et orienter les relations Nord/Sud, elles seront à la base d'une nouvelle idéologie, celle de l'humanitaire, née sur les ruines de l'idéologie tiers-mondiste (Atlani-Duault, 2005).
La mobilisation de plus en plus massive, par les ONG, des valeurs morales comme justification de leur action, s'inscrit dans un processus beaucoup plus vaste de « moralisation » qui s'étend désormais à l'ensemble de la vie politique et économique jusqu'au capitalisme lui-même.
Cependant, si la question de la raison humanitaire (Fassin, 2010) concerne le déploiement des *sentiments moraux* dans les politiques contemporaines, mon intérêt se situe en amont de cette instrumentalisation et se focalise autour des dynamiques relatives à la formation de cette morale, et aux rapports que les ONG entraînent avec elle.

Comment les sociétés contemporaines construisent-elles leurs sens du bien et du mal, à l'heure où de grandes innovations technologiques ont transformé des sociétés physiquement éloignées en un nombre grandissant *de publics* qui ne se côtoient pas, mais qui exercent simultanément leur regard sur le monde ? Quelle est l'influence effective que cette prétendue « opinion publique » exerce sur les pratiques d'aide au développement ?

Je souhaitais répondre à ces questions et interpeller les dynamiques de cette « coopération par le bas » à travers l'analyse d'un projet lui aussi conçu par « le bas » et for-

tement connoté de principes moraux : le commerce équitable.
C'est ainsi que s'est concrétisée l'idée d'analyser un projet de coton biologique et équitable conduit au Mali par une ONG suisse de développement.

Comment se construit et se négocie un projet de commerce équitable au sein d'une ONG de développement ? La moralisation des pratiques de développement est-elle un processus externe véhiculé par le biais d'un projet tel que le coton biologique et équitable, ou est-elle le ressort de dynamiques internes à l'ONG qui découlent de ses propres dispositifs de fonctionnement ?

Cependant, les valeurs morales sont des logiques qui orientent les individus non seulement dans l'évaluation de ce qui est bon, mais aussi de ce qui est juste. C'est ainsi qu'elles se transforment en principes sur lesquels les individus s'appuient pour agir dans le monde, y compris sous des formes de protestation (Smith A., 1999).
Pour cette raison, une réflexion sur les métamorphoses des formes de protestation qui, de visibles et collectives, deviennent progressivement invisibles et privées, traversera en filigrane toute cette ethnographie.
Elle est importante, non seulement pour sa capacité à révéler le type de valeurs auxquelles on se réfère lorsque l'on se révolte, mais surtout pour savoir auprès de qui l'on essaie de faire valoir ses revendications. Ainsi, suivre les révoltes signifie, non seulement accéder aux représentations relatives à la localisation du pouvoir, mais aussi à ses réponses, s'il y en a.

Entamée en octobre 2006, à Paris, l'enquête s'est déroulée principalement au Mali sur trois sites différents : Bamako, Bougouni et le village de Sibirila. Depuis le début, cette

recherche a été conçue comme une double ethnographie (Atlani-Duault, 2005) visant à analyser les développeurs et leur projet ainsi que la population censée le recevoir. L'ONG en question est Helvetas Mali, une ONG suisse de développement, et le projet analysé concerne la production et la transformation locales du coton biologique et équitable. La population destinataire comprenait deux groupes différents : les agriculteurs pour le volet production et les artisans pour celui de la transformation locale. Pour la configuration spécifique de l'ONG, l'inscription dans les réseaux internationaux et locaux a été prise en considération ainsi que les dynamiques à caractère « transnational » dans lesquelles les acteurs étaient impliqués.
Lors de la collecte de données, trois techniques générales d'analyse qualitative ont été utilisées : l'analyse documentaire, l'observation participante et la conduite d'entretiens auprès d'acteurs sélectionnés. De ces trois instruments de collecte, l'« observation participante » a eu un rôle prépondérant.
En fait, l'analyse documentaire a notamment été utilisée en tant qu'objet de réflexion critique plutôt que d'information. De la même façon, les entretiens ont toujours été croisés avec l'observation des pratiques et la mise en action des principes véhiculés.

CHAPITRE I

COMME UNE ANTHROPOLOGUE SUR LE TERRAIN

Sur une route secondaire de l'un des amples carreaux du quartier de l'Hippodrome de Bamako, de grandes voitures blanches alignées signalaient un bâtiment visiblement différent des autres. Dehors, assis, les gardiens, avec leur thé, leur radio, et des chauffeurs. Dans la cour, une étroite passerelle, flanquant une péotte rectangulaire, menait aux bureaux.

Rentrer dans le siège d'Helvetas-Mali signifiait traverser une frontière au-delà de laquelle l'accélération du temps pouvait totalement changer la perception de l'espace, jusqu'à douter d'être encore à Bamako.

À l'intérieur, une baisse soudaine de température annonçait une atmosphère de travail pour le moins dynamique. Des flux continus d'hommes et femmes avec leur cohorte de chauffeurs entraient et sortaient frénétiquement de l'établissement. Au secrétariat, le téléphone n'arrêtait pas de sonner, et la secrétaire ne cessait de répondre aux appels et d'en passer à son tour. Tout au fond de la salle d'accueil, un fax déversait une multitude de documents et de papiers.

Une frénésie digne d'un bureau « occidental ». Les agents d'Helvetas étaient toujours débordés, et lorsqu'il y avait du calme, c'est parce que tout le monde se trouvait en réunion. La communication entre les membres d'Helvetas était rapide, faite de petites phrases, presque codées. J'avais été bien reçue ; chacun se disait prêt à m'accueillir dans ses bureaux, mais ne pas avoir beaucoup de temps à me consacrer. Pendant mes premiers entretiens, cette pression nuisait à un travail qui nécessitait beaucoup plus de

calme et de temps pour balayer tous les slogans utilisés en guise de réponses.
La plupart des échanges avec le personnel d'Helvetas, je les ai menés dans les voitures, tout au long des trajets entre Bamako et Bougouni. Ici, le temps redevenait une *variable extérieure*, parce qu'il dépendait d'éléments extérieurs, comme la route et la voiture. Mais même dans ces conditions, il n'était pas évident d'avoir un entretien serein, car ces moments étaient utilisés par mes interlocuteurs pour optimiser un document, lire un rapport, ou simplement pour dormir.
Dès le début, j'avais éprouvé un grand respect pour leur travail. De leur côté, leur regard était toujours bienveillant à mon égard. Ils m'avaient accordé la possibilité de participer aux réunions sur le volet « transformation artisanale du coton », ils me laissaient entrer dans leur siège, comme si une sorte d'évidence pouvait s'exprimer à leur place.

À Bougouni, également, les personnels du siège local d'Helvetas et du Mobiom[1] me reçoivent très aimablement. Sans trop de difficultés, je suis autorisée à participer à leurs réunions. Ils me laissent me promener en toute liberté dans leurs bureaux et feuilleter leurs documents. On me donne à lire des mémoires réalisés sur le thème du coton biologique et l'on me réserve une place pour m'installer avec mon ordinateur. Je suis chaleureusement accueillie avec le statut spécial « de stagiaire », même si mon statut réel ne relevait en rien d'un stage. Mais dans le monde du développement où tout est si soigneusement

---

[1] Le Mobiom, Mouvement biologique du Mali, est le partenaire local mis en place par Helvetas-Mali dans le cadre du projet « Coton bio-équitable ». Structure faîtière, le Mobiom rassemble les coopératives de productrices et de producteurs de coton bio-équitable. Il se compose d'une direction technique, d'un conseil d'administration et d'un comité de contrôle.

identifié par un sigle et une formule, « stagiaire » c'était l'étiquette qui se prêtait le mieux pour me définir aux yeux de tous. En tout cas, cela arrangeait tout le monde, y compris moi-même, lorsque je devais cacher ma réelle *inutilité* dans les endroits et les réunions auxquels je m'invitais.
Plus importante encore était l'autorisation que m'avait accordée Helvetas pour occuper une des chambres de la case de passage destinée aux agents de développement, aux consultants, aux évaluateurs, pendant leurs missions à Bougouni et ses alentours. Je découvre vite que, plus que les bureaux souvent désertés par un personnel toujours engagé sur le terrain, cette maison sera un lieu fondamental pour mes recherches. Presque inapprochables dans la journée, c'est dans la fraîcheur et le calme du soir que je pouvais aborder tranquillement tous ces *développeurs*.
J'ai pris la décision de séjourner plus longtemps à Bougouni après avoir été informée de l'évaluation à laquelle le programme Coton biologique allait être soumis pendant les mois d'octobre et novembre 2008. Il s'agissait d'évaluer les dix ans de fonctionnement du programme. La mission avait été commanditée par la direction suisse de l'ONG. L'évaluateur ne venait pas seul. Il était accompagné d'une équipe suisse chargée de l'organisation et de la planification des activités du programme pour les trois années suivantes.
J'ai laissé le cours des évènements influencer et modifier mes recherches qui prenaient de plus en plus la forme d'une étude sur une organisation.

Pour la partie de mes recherches consacrées aux coopératives des producteurs de coton bio-équitable, je m'appuyais sur l'aide d'un opérateur technique du Mobiom : il me traduisait le bambara et certains signes de la culture malienne.

Et pourtant, dans l'aimable « médiation » de Bamba, se mêlait souvent le contrôle, comme cela arrive fréquemment.
Pour comprendre cette sorte de « droit de protection » que le Mobiom exerçait sur ses coopératives, il faut prendre en compte les nombreux regards extérieurs qui, chaque jour, enquêtent sur les activités du Mobiom et d'Helvetas et les jugent. Au-delà des évaluateurs et des dirigeants suisses, les producteurs de coton bio-équitable reçoivent régulièrement des journalistes, des photographes, des écrivains, des étudiants et aussi des chercheurs.
Le commerce équitable et l'agriculture biologique sont des thèmes particulièrement chers à la presse occidentale, ce qui justifie l'arrivée massive d'une variété d'enquêteurs venus dans l'intention de vérifier le respect des normes bio-équitables. C'est pourquoi, parmi les nombreuses tâches de Bamba, il y avait aussi celle de « protéger » les coopératives des producteurs des « questions de Blancs » et de leurs incursions.
Dans ces situations, son rôle consistait à montrer aux Occidentaux exactement ce qu'ils s'attendaient à voir. Ainsi, il accompagnait les journalistes dans les villages et se chargeait d'une traduction plus fidèle aux règles du Mobiom qu'à celles de la grammaire. Après avoir bien pris soin d'éloigner tous les enfants, il les conduisait dans les champs de coton. L'une des normes les plus strictes du commerce équitable et qui fait toute sa fierté est, en effet, celle qui interdit le travail des enfants, et les Occidentaux se montrent toujours particulièrement sensibles à ce sujet.
Après avoir assisté à de nombreuses visites de journalistes et après avoir écouté de nombreux échanges entre les deux parties, j'ai pu interpréter la « médiation » de Bamba comme un mécanisme de « défense » mis en place par le Mobiom contre la « morale » occidentale.

Les agents d'Helvetas et du Mobiom tenaient un discours très bien rôdé, destiné à tous les visiteurs, journalistes, consultants, évaluateurs. Aussi bien dans les bureaux que dans certains villages, tout le monde disposait d'éléments de réponses et de remarques sur le commerce équitable et sur le coton biologique visant à confirmer exactement ce à quoi l'on s'attendait déjà. Pour cette raison, j'avais arrêté de poser des questions, et je préférais assister à leurs entretiens avec les journalistes. Une fois, je fus même employée comme traductrice pour un couple de journalistes italophones. Il était toujours très instructif d'écouter ces entretiens et de les comparer ensuite à ce que j'entendais dans les réunions et à ce que je voyais dans les couloirs. Je pouvais remarquer tous les glissements de sens et écouter ce genre de discours qui a le pouvoir de rendre bruyants des silences embarrassants.
J'ai passé la plupart du temps à observer les gens, à enregistrer leurs postures, leurs réactions. Ma présence quotidienne me permettait de suivre le passage de leurs paroles à leurs actes, de retracer le processus de prise de décision, et celui du passage et de la transformation de l'information. J'enregistrais chaque détail, et mes notes en italien m'assuraient toute la discrétion dont j'avais besoin. Ma langue maternelle était pour moi cette « *sphère privée d'où les autres sont maintenus à distance* », et que Gérard Althabe évoquait pour décrire cette « *situation partielle* » où l'observateur et l'acteur sont placés (Althabe, 1990). D'ailleurs, pour mes interlocuteurs, le bambara remplissait souvent la même fonction.

Le fait d'avoir partagé le terrain avec les agents d'une ONG a stimulé une réflexion autour des particularités qui font la spécificité du travail de l'anthropologue. Aux interpellations concernant les procédures manifestement formelles qui définissent un « terrain d'étude » suivent des

constatations sur la réelle diversité de ces deux figures que sont l'anthropologue et le développeur qui se sont beaucoup rapprochés ces dernières années.
Les ONG ont introduit des transformations importantes dans la pratique de l'aide au développement qui semblent aller dans le sens de certaines critiques que les anthropologues avaient déjà formulées quand le développement était l'affaire exclusive des États et des agences publiques.
Les techniques telles que le *focus group* ou la PRA (Participatory Research Action) (Chambers, 1983) ont permis un certain rapprochement avec les communautés locales, comme les anthropologues l'avaient toujours envisagé.
Le débat sur la validité effective de ces méthodes est loin d'être fermé, mais il n'en reste pas moins qu'il y a eu un bouleversement réel dans les pratiques si on les compare avec celles des années quarante et cinquante.
De la même manière, l'autre grande préoccupation relative à la reconnaissance et à la valorisation des savoirs locaux signalée à plusieurs reprises par les anthropologues a été partiellement satisfaite par le fait que souvent les nouveaux « agents de développement » sont des *autochtones*.
Ici, aussi, les questions sont beaucoup plus complexes, mais le fait d'être en présence d'un personnel qui maîtrise la langue et la culture locale a permis de faire avancer le débat sur le développement, prouvant que la méconnaissance des « cultures » n'était pas, en soi, la source du problème, ou pas seulement.
Les agents locaux exécutent chaque jour sur « leur terrain » ce travail de « traduction », et d'« adaptation » à leur langue maternelle. Ils traduisent ainsi pour la génération qui est encore celle de leurs parents les savoirs qu'ils viennent d'acquérir dans le milieu universitaire ou professionnel.
À cela, il faut ajouter le « rôle d'*advocacy* » que nombre d'ONG déroulent auprès des grandes institutions interna-

tionales quand elles portent les revendications des communautés dans lesquelles elles interviennent. Cette posture rappelle celles qu'adoptèrent certains des plus célèbres pères fondateurs de la discipline anthropologique comme Lewis Henry Morgan.
Un tel rapprochement entre l'anthropologue et le développeur est encore plus visible si l'on considère cette autre branche de l'anthropologie du développement, le *development anthropology* qui réclame pour son savoir un rôle « actif » dans les processus de développement.
Une réflexion à ce sujet est alors apparue nécessaire.

Pendant mon séjour au Mali, j'étais entourée de gens qui disaient être là pour *« faire du terrain »*. Et c'était effectivement le cas, même si on l'abordait de façon différente, avec des objectifs différents, et avec toutes les contradictions que l'on voit surgir dès qu'une idée puis un mot donnent vie à des pratiques distinctes. Au point que j'ai dû, très vite, abandonner également la dernière formule qui pouvait me permettre d'expliquer rapidement l'anthropologie comme la discipline qui pratique le terrain. Car sur « le terrain », et comme on dit au Mali, on était « tous ensemble », au moins physiquement.

Cependant, si je crois avoir étudié, au cours de cette étude, plusieurs types de terrain, je ne les conçois pas comme des lieux géographiques, mais comme des « objets d'expérience ». En fait, en projetant sur eux le temps de la réflexion, le terrain cessait d'être un espace « physique » pour devenir un espace « mental » ou « intérieur ». La réflexion et la pensée venaient assumer un rôle de médiateur, et ainsi, l'unification entre ce qui était « extérieur » et ce qui était « intérieur » était finalement possible (Klossowski, 1980).

C'est pour cette raison que mes terrains, je les conçois notamment comme des espaces-temps. Ils sont des « espaces de réflexion », dans lesquels on observe, on mène des entretiens, on discute avec les gens de façon plus ou moins informelle. Dans cet espace, la dimension la plus importante est la profondeur qui nous laisse disposer les éléments, les lier entre eux et les rendre signifiants de quelque chose. C'est dans ce sens que la thèse devient ensuite un lieu, le raccord entre toutes ces données.
Dans cet espace, l'élément qui fait tourner le moteur, qui donne l'énergie, c'est la différence entre ce à quoi nous nous attendions et ce qui se vérifie. C'est ce que l'on appelle la « rupture épistémologique ».
Et pourtant, le terrain n'est pas seulement une surface, il n'est pas qu'une scène ou un spectacle à observer. Il est aussi un temps dans le sens que le temps qui s'écoule est constitutif de la réflexion sur les objets observés. Tout en rejoignant ici la réflexion de Sahlins sur la « structure d'une histoire » et de l'« histoire d'une structure » (Barré, 1997).
Sur le terrain parfois, l'on préfère confier au temps, en tant qu'*espace pour le déploiement des événements*, certaines réponses qu'aucune question directe ne pourrait jamais susciter. On le sait déjà. L'on regarde les acteurs dans plusieurs situations plus ou moins attendues et l'on enregistre leurs attitudes. On laisse passer le temps et tous les événements qui se dérouleront dans son espace seront pour nous « matière à penser ».
Et il y a aussi d'autres raisons plus « pratiques » pour lesquelles nous attendions que le temps passe. Parfois, nous entendions des discours dont nous n'avions pas le droit de parler. Malgré le soupçon constant, notre intérêt n'est pas de révéler des secrets, ni de créer des scandales en dévoilant des « vérités ». Nous construisons des outils de compréhension et d'analyse à travers lesquels des faits pren-

dront du sens. Mais il se peut que certains faits sur lesquels notre analyse s'appuie ne soient pas encore rendus publics. Je fus soulagée quand l'évaluation qu'avait reçue le programme *Coton biologique et équitable* ainsi que le nouveau programme d'Helvetas Suisse pour la promotion des potagers biologiques furent communiqués à la presse. Je n'attendis pas longtemps, mais c'est une situation qui m'avait rendue passablement inquiète.

C'est ainsi que le terrain devient ensuite un lieu. Lorsqu'il est mêlé et intégré à la réflexion, il resurgit comme une composante nette, comme un volume que nous avons fabriqué. On le recoupe, on élimine, on oublie, on garde certaines choses à nos yeux les plus importantes, on les prolonge avec d'autres éléments antérieurs dans le temps, ou disposés dans un autre espace. On lui donne une intention en suivant des idées, et on l'observe dans ses directions en suivant des événements.

Dans ces lieux, il y a nos empathies, nos corps qui les suivent, et il y a notre « intelligence », c'est-à-dire la façon dont nous pensons les choses et construisons entre elles des relations. C'est là que les choses nous parlent ou plutôt c'est là, en quelque sorte, que nous arrivons à les faire parler.

Et c'est parce que notre terrain n'existe qu'après et dans notre réflexion que, certes, nous sommes avec les autres, mais pas sur le même terrain.

Pour les agents du développement de l'ONG Helvetas Mali, le « terrain » était un espace de l'action. Ils étaient constamment *« dans le mouvement ».* Dans leur « terrain », il ne s'agissait pas de réfléchir de façon critique ou de retracer des relations entre des espaces différents. Au contraire, ils étaient là pour ouvrir un espace unique et commun qu'ils partageaient directement avec

« leurs cibles ». Ils étaient plus dans une logique de transformation du réel que de sa compréhension.

Une fois délimitées les frontières de cet espace et de la matière à réfléchir qu'il contient, l'on ressent encore le besoin de rester à observer les grains du sablier qui s'écoulent. Dans un mélange de paresse ou de cet *otium* nécessaire à toute réflexion, nous avons besoin de temps pour comprendre tout ce que nous avons vu, car tout n'a pas forcément encore été nommé et parfois, même les livres ne semblent pas pouvoir nous venir en aide.
À cela s'ajoute le temps indispensable pour que le *logos* regagne sa place par rapport à l'*anthropos* et aux émotions qui l'ont submergé. Nous sommes obligés de réfléchir sur nos émotions pour qu'elles ne nous emportent pas dans des considérations faussement *humaines, naturelles et universelles*. Ainsi, devenons-nous, nous-mêmes, des objets de notre recherche.
Laisser retomber ces émotions qui annulent les jugements, revenir à la source idéologique de ces « empathies » qui nous ont guidés et qui semblent nous avoir permis d'expérimenter le lien d'*humanité*, c'est peut-être ce qui distingue le terrain d'un anthropologue de celui des autres acteurs du terrain.
C'est la réflexion qui transforme un terrain en un lieu, l'élément qui caractérise l'anthropologie et qui rend son « terrain » unique. C'est le « moi cognitif », comme le dit Maurice Godelier (Godelier, 2007) qui, à la suite d'un long travail critique sur notre identité sociale et personnelle, rend différente l'expérience de l'anthropologue. Et cette expérience particulière, l'anthropologue peut la transformer en une réalité valable pour tous, car, en analogie avec ce que Deleuze disait à propos de la philosophie, l'anthropologie aussi peut créer des concepts. Ces concepts seront les lunettes que le chercheur donnera au

monde pour que le monde voie aussi ce qu'il voit. Tout en sachant que les personnes et les objets n'arrêtent pas de bouger, et qu'un éloignement, un rapprochement, un changement quelconque de leur disposition rendront alors ces lunettes inefficaces.
Enfin, il nous faut encore du temps pour retrouver et reconstruire ce « je » qui parle et que l'expérience de terrain, parfois, brise. Sur le terrain, l'on se tait beaucoup pour pouvoir écouter les autres. Et à force de vouloir explorer les chemins des logiques et des raisonnements des autres, l'on finit par en oublier les nôtres. Et si cette expérience s'avère particulièrement forte, il se peut que certaines de nos priorités et de nos valeurs soient aussi bouleversées. Il faut alors laisser le temps au sujet de reprendre contact avec sa société, pour qu'il puisse retrouver les conditions et les motivations qui donnaient du sens à son action et que peut-être trop de dépaysement a affaiblies. Car nous sommes tous le produit de certains lieux : quand ils changent, nous aussi nous pouvons changer.
Ainsi, l'on arrive à ce moment où la pensée est forte et solide, à l'image de ce que les Grecs anciens ont imaginé quand ils l'ont appelée *thèsis.* L'on y parvient qu'après un long détour entre des moments de faiblesse, où l'on a été traversé par la parole des autres, et les épuisants exercices de souplesse nécessaires pour tester les différentes hypothèses.
Dans ce contexte, l'écriture n'est pas seulement la cartographie de cet espace de réflexion : elle participe à la généalogie de ces volumes tout en définissant leurs formes.
Effrayé par l'ampleur de la tâche à accomplir, l'on se plie à l'écriture seulement quand l'on est prêt à y renoncer. En la figeant dans une seule de ses infinies formes possibles, l'on accepte de la soumettre à la discussion et à la critique. Quand ce moment arrive, la seule certitude est que nous sommes prêts à repartir pour une nouvelle recherche.

Ainsi, s'abandonne-t-on à l'écriture uniquement lorsque l'on est prêt à mettre son nom sur son travail. À le signer pour en devenir auteur (Augé, 2006). À utiliser ce « je » après l'avoir accordé avec tous les « nous » qui le composent. Et à cela, il n'y a rien d'évident.
Il faut retourner plusieurs fois le sablier avant que l'aspirant-anthropologue arrive à construire son lieu, sa thèse. Et la contradiction avec *« Le temps est notre principal ennemi »* de la campagne de Médecins Sans Frontières, qui d'ailleurs caractérise la plupart des ONG, est violente.
Enfin, voilà ce qui sépare l'anthropologue des développeurs quand ils se croisent sur un même « terrain » : ils peuvent bien être dans le même espace, ils ne sont ni dans le même *temps* ni dans le même *lieu.*

Même si sur mon terrain j'ai croisé une grande variété d'acteurs, je n'ai pas pu imaginer une écriture à plusieurs mains, comme on n'imagine pas une phrase avec plusieurs sujets. Dans cette étude, ce sont mes interpellations que j'ai suivies, mes interrogations auxquelles j'ai essayé de répondre. Les agents de l'ONG étaient pris par d'autres préoccupations s'achevant par d'autres parcours et répondant à d'autres besoins.
De la même manière, je ne pense pas exercer une quelconque « autorité ethnographique » (Clifford, Marcus, 1986) dans un acte qui est simplement la construction toute personnelle d'une problématique. Je ne me crois pas en possession d'une quelconque autorité, puisque je ne crois pas détenir un savoir supérieur à celui de mes acteurs. Bien au contraire. J'ai pu constater à quel point, sur chacun de mes terrains, les artisans, les producteurs, les développeurs étaient détenteurs d'une variété de savoirs dont je n'aurai jamais la maîtrise.

En ce qui concerne Helvetas et ses agents, où il était question de savoirs beaucoup plus proches des miens, notamment au regard du développement, mon inexpérience était encore plus évidente. En premier lieu, la plupart de ces agents étant des Maliennes et des Maliens, ils connaissaient bien la langue et les autres signes de leur société. De plus, ils avaient des années d'expérience dans les pratiques du développement. Ils étaient quotidiennement des observateurs involontaires de toute une série de faits que j'étais impatiente de découvrir. Alors, la question ne concernait pas simplement le savoir, mais le désir et presque le besoin de l'articuler pour une certaine finalité. Et nos finalités étaient différentes, c'est tout.

Le moment de cet acte obligé de la restitution a été presque gênant.

Une première restitution avec le Mobiom à Bougouni n'avait fait que souligner nos distances. Soit j'étais interpellée sur des questions qui n'entraient pas dans mon sujet, soit toute l'utilité de mes réflexions leur échappait.

En revanche, la restitution que j'aurais dû faire à Helvetas a été annulée à la dernière minute à cause d'un imprévu. Elle s'est donc limitée à un échange avec le responsable du programme Coton, croisé par hasard dans les couloirs. Néanmoins, tout au long de mon séjour chez eux, j'avais constaté que, souvent, les restitutions des missions et des études étaient annulées par manque de temps. Mon cas n'avait donc rien de particulier. En outre, je reste convaincue que, pour la plupart, mes « découvertes » étaient bien connues, mais elles ne représentaient pas un sujet pour eux.

Accepter d'être *inutile* dans le milieu du développement où les gens se croient, en permanence, responsables du destin de l'humanité était bien plus difficile que d'accepter d'être une Italienne ou une Blanche au Mali. Maintenir cette distance entre leur projet et le mien a demandé un

grand effort. Mais l'on y parvient si l'on est persuadé de la fécondité créatrice que seule la liberté génère.
Si la recherche est *gratuite*, c'est parce qu'elle ne répond à nulle autre valeur sinon à celle que son auteur lui reconnaît. Cette valeur n'a pas de prix puisqu'elle échappe à toute classification, et donc à toute utilité préexistante. Non parce qu'elle n'est pas utile. Elle est sûrement utile et il appartient à chacun de le démontrer par la suite. Mais la recherche ne doit pas répondre à un besoin, déjà codé, déjà fixé. Le chercheur doit pouvoir rester libre de suivre ses interrogations et de créer sa problématique. Il doit également rester libre de construire les chemins de la pensée qui lui permettront d'explorer ce qu'il décide de poser comme problème.

CHAPITRE II

DE *L'ÉCO-NOMIE* À *L'ÉCO-LOGIE* QUESTIONS SUR LES DÉVELOPPEMENTS

Le développement demeure, de nos jours, une notion extrêmement controversée qui ne cesse de susciter un grand nombre de questions autour des pratiques et des logiques qui lui sont sous-jacentes.
Contrairement à ceux qui avaient prédit sa disparition avec la fin des grands récits (Lyotard, 1979), dans sa plus récente conceptualisation le développement vient d'être connoté d'un autre genre de rationalité, dont la durabilité. Elle est d'ailleurs déjà inscrite dans la nouvelle nomenclature : *développement durable.*
Le développement n'est plus un stade, et encore moins un stade que l'Occident a franchi. Le développement doit être *durable*, il doit être atteint pour l'éternité. Il se voit connoté de préceptes moraux qui font de lui le bien suprême à partager, pas seulement avec le monde déjà existant, mais aussi avec tous les autres mondes à venir : ceux des générations successives. Après sa mort annoncée, le développement resurgit, et cette fois-ci pour l'éternité.
L'idée du développement est l'une des idées les plus anciennes et les plus puissantes de la société occidentale : elle s'empare de la métaphore de la croissance. Par cette analogie, le développement vient à signifier un processus irréversible et cumulatif impliquant un accroissement des différences et des complexités.
Le déroulement de certains événements dans l'histoire européenne a sans doute participé à l'enrichissement heuristique du concept qui, avec la révolution industrielle, l'émergence de la bourgeoisie comme classe dominante et du capitalisme, a fini par s'identifier à l'idée de progrès.

La nouveauté par rapport aux sociétés romaine et grecque qui avaient une vision cyclique de la croissance, était justement cette idée d'une croissance progressive et unidirectionnelle (Nisbet, 1980).
Si, dans le milieu scientifique, il existe un certain consensus consistant à reconduire l'invention du développement au discours d'investiture du président des États-Unis, Harry Truman, en 1949, il est vrai aussi que le développement, comme expérience concrète et comme concept, existait déjà dans la plupart des pays d'Amérique du Nord et du nord de l'Europe.
En fait, si l'on pouvait entendre dans les paroles de Truman l'origine de cette nouvelle configuration qui partage le monde en *pays développés* et *pays en voie de développement,* le clivage entre ces deux zones du monde est bien plus ancien et remonte à ce grand événement appelé révolution industrielle qui verra une partie du monde prendre le dessus sur l'autre (Wallerstein, 1975).
En conséquence, et plus vraisemblablement, le discours de Truman ne semble pas signer sa naissance, mais plutôt inaugurer une nouvelle phase d'un développement souhaité pour le Sud aussi bien que pour le Nord.
Si l'on remonte le temps, la paix de Westfalia (1648) avait déjà signé le début de la phase moderne de l'histoire européenne : c'est l'époque de la fondation des États-nations, et le développement des États européens devient un intérêt voire une obligation nationale. L'hégémonie économique et politique que la Grande-Bretagne vantait sur la scène internationale, grâce à son puissant appareil militaire qui favorisait et organisait la production industrielle, obligeait les autres nouvelles nations à l'imiter à travers ce qu'on appelait « l'impératif de la modernisation » (Sen, 1984). C'est dans ce même cadre historique que commence l'aventure coloniale des plus grandes puissances européennes. À partir du XVIe siècle, la soumission forcée de

certains pays d'Amérique du Sud, d'Afrique et de l'océan Indien se traduit par une nouvelle forme de division internationale du travail qui permet à certains pays du nord de l'Europe de poursuivre leur propre industrialisation à travers un important pillage de matières premières et une exportation massive de produits finis.

Au moment de la décolonisation, dans les imaginaires collectifs, le monde est figuré comme partagé en trois segments géopolitiques. Une représentation que la Deuxième Guerre mondiale ainsi que la guerre froide avaient contribué à forger. Le terme *tiers-monde* surgit dans les années cinquante pour désigner les États pauvres non européens et, pour la plupart, ex-colonies. En 1952, c'est le démographe français Alfred Sauvy qui utilise pour la première fois le terme de tiers-monde, en analogie avec le tiers état de la France de l'Ancien Régime, pour indiquer les pays non développés et pour représenter la scène internationale telle qu'elle apparaissait au moment de la guerre froide. Sauvy décrit l'existence de deux mondes, capitaliste pour l'un, et communiste pour l'autre, se disputant pour la possession du troisième (Sauvy, 1952).

Dans ce contexte, c'est la comparaison des conditions économiques entre le premier et le troisième monde qui génère l'image du développement. Le lien entre le développement des hommes et la croissance économique des nations est le véritable coup de force idéologique qui a permis la construction du développement en tant que projet. Dans ce cadre historique, le développement assume une valeur et un significat totalement nouveaux : il signe l'affirmation des conditions économiques comme critères pour appréhender la vie humaine.

L'implication la plus importante de cette évaluation de la vie humaine en matière économique était de transformer le développement en un processus universel et réalisable à travers des stades culturellement identifiés. En 1945, la

Charte des Nations unies proclame l'amélioration des conditions de vie comme son objectif global (McMichel, 1996).
Et les deux ingrédients principaux pour la réalisation de ce projet étaient représentés par l'État-nation et le changement économique. L'État-nation territorialement défini et fondé sur la relation gouvernement/citoyen telle que l'Europe l'avait expérimentée au XIXe siècle, constituait le cadre politique indispensable pour la mise en place du projet. La construction arbitraire des frontières nationales qui, encore actuellement, est à l'origine des nombreux conflits africains, est alors la condition pour accéder non seulement au développement, mais en général à la reconnaissance, et donc à l'existence sur la scène internationale. Les États-nations euro-américains cherchent et construisent leurs homologues dans le Sud, et un nouvel ordre mondial vient de se mettre en place. De 1945 à 1981, 105 nouveaux États rejoindront les Nations unies qui passeront de 51 à 156 membres, alors même que le développement subit une torsion ultérieure et devient, en général, un modèle économique guidé par la technologie et le marché.
La nécessité de créer des États modernes, capables de maintenir en place des marchés stables et d'assurer un commerce international vigoureux, se traduit par la construction d'une idée de développement comme changement social organisé par les États, une véritable œuvre d'« ingénierie sociale » (Hettne, 1990). Et c'est pour et avec les États que le développement se concrétise sous forme d'aides et d'importants transferts technologiques et infrastructurels. C'est dans ce sens que le développement naît essentiellement comme projet économique et, notamment, comme variation de l'économie coloniale (McMichel, 1996).
Le projet de développement émerge comme un processus normatif, où les *nomos* sont les lois d'une discipline telle

que l'économie qui, pendant longtemps, a été conçue comme universellement valable. L'idée d'un avenir meilleur, implicite dans la promesse de développement a servi pendant longtemps à gérer de façon pacifique le positionnement lent et marginal des pays plus pauvres dans un système économique global et hiérarchiquement ordonné (Wallerstein, 1975).

Pendant cette phase du développement comme modernisation, la culture locale a été longtemps identifiée comme un obstacle, principale cause de faillite des différents projets. Dans les faits, les politiques de modernisation n'apparaissent pas seulement comme des stratégies pour le développement, mais aussi comme la réalisation de forces universelles, proches de celles que l'on avait vues surgir lors de la transition du féodalisme au capitalisme, dans l'histoire économique occidentale. Les cinq stades théorisés par l'économiste Walt Rostow sont l'exemple le plus célèbre d'un processus de développement envisagé comme endogène, irréversible et naturellement porté à une progressive spécialisation fonctionnelle. Dans cette succession évolutive, la phase la plus importante fut la troisième, celle du *take-off :* lorsque les principales caractéristiques des sociétés traditionnelles sont dépassées et la production agricole accrue, les économies augmentent avec les investissements nécessaires pour promouvoir l'industrialisation. Le développement technologique et l'affirmation d'une économie de masse sont alors représentés comme des moments finaux du processus.

La course à la modernisation, entendue comme progrès technologique et croissance économique, était une prérogative des pays à économie capitaliste autant que des pays communistes. D'abord Lénine, pendant la révolution d'Octobre, puis Staline au début des années trente. Ils invoquaient avec insistance la nécessité de rejoindre et dépasser les pays « avancés ». Les méthodes pour l'atteindre étaient différentes, mais le développement et le progrès restaient les seuls chemins envisageables. Bien que celle des pays socialistes ait été longtemps identifiée comme une politique économique planifiée et centralisée, il est vrai aussi que c'est le protectionnisme plus que le libre-échange qui a permis aux pays capitalistes de prendre le dessus de la scène internationale.

L'aide massive que l'Europe avait reçue, en accord avec les institutions de Bretton Woods, des États-Unis dans le but de relancer l'économie du Vieux Continent, mais aussi de contenir l'avancée du communisme servait de modèle pour penser et réaliser le développement dans le troisième monde.

Cependant, comme le soulignait Preston (Preston, 1982), la théorie du développement se basait sur trois piliers : la croissance, la planification et les aides. En même temps, l'idée que l'économie avait aussi besoin d'institutions particulières a eu comme conséquence d'attirer l'attention sur les facteurs non économiques.

La mise en place des projets et l'intérêt que d'autres disciplines que l'économie manifestaient pour le développement commenceront à révéler les nombreuses failles de l'idéologie moderniste et les limites d'applicabilité de son projet.

Les années soixante-dix sont unanimement déclarées par les Nations unies comme la décennie d'un développement qui, lancé dans les années quarante, tardait encore à se concrétiser. Dans ces mêmes années soixante-dix, sous l'impulsion du tiers-mondisme, les cultures locales changeront de statut et, d'obstacles au développement, elles deviendront des remparts de résistance contre l'hégémonie économique d'un Occident perçu comme une globalité et rejeté en bloc (Wallerstein, 1975).

Le regard des sciences humaines sur les projets de développement met en exergue l'importance de l'histoire et de

la culture locale, tout en signalant la nécessité d'une harmonisation et d'une adaptation des projets à chaque cas spécifique.
Ainsi, l'UNESCO compte parmi les agences des Nations unies les plus réceptives au problème, et elle devient la promotrice de la conférence « Culture et Développement ». En 1953 déjà, elle avait publié l'étude que l'anthropologue Margaret Mead avait réalisée pour le World Federation of Mental Health.
La question de comment rendre le développement *pratiquement durable* et *culturellement viable* trouva progressivement ses réponses dans les conclusions d'un nombre de plus en plus important d'études montrant les limites structurelles et politiques du développement. Dans cette configuration, le sous-développement n'est plus interprété comme un retard par rapport à un quelconque schéma évolutionniste, mais comme le produit d'une situation sociohistorique singulière, marquée par la domination des pays du Nord sur les pays du Sud.
Cependant, bien que ce courant de pensée ait représenté l'une des critiques les plus vigoureuses faites au paradigme même du développement, elle semblait ne pas tenir en juste considération l'émergence d'une variation ultérieure qui était en train de se dérouler.
L'effondrement du bloc soviétique et la découverte de la grande fiction idéologique qui, pendant des années, avaient nourri la rivalité entre les deux premiers mondes ouvrent une faille énorme, moins sur les véritables possibilités de croissance que sur le degré de performance des États à produire et à gérer la croissance, aussi bien à travers la gestion du marché que par le biais d'une économie planifiée. Si, sur un plan pratique, la technique et la science avaient été vécues comme des forces de libération de l'ignorance et de la tradition, à un autre niveau – celui des idées – elles se traduisaient par une remise en question

de plus en plus importante de l'autorité des États et du caractère directif des politiques nationales. Les années de la modernisation sont aussi les années des grandes révoltes de 1948 à 1968, où l'autorité est mise en question de façon répétée. Comme le dit bien Wallertstein (Wallerstein, 1975), c'est dans la diffusion des idées de démocratie qu'il faut regarder pour saisir la différence entre les pays capitalistes et les pays communistes. Après l'effondrement de l'Union soviétique, l'époque qui s'ouvre n'est pas celle du triomphe du capitalisme, mais celle de la société civile comme instrument essentiel dans le processus de construction de l'État libéral, nouveau protagoniste de l'ordre mondial.

L'échec du projet de développement des Nations unies et des institutions de Bretton Woods, ainsi qu'une grave crise fiscale aggravée par la stagflation et donc par la récession, marquent les années quatre-vingt. Cette crise, qui perdure jusqu'aux années quatre-vingt-dix, quand un nouveau système de type global postfordiste sera mis en place, est au cœur de ce que McMichael appelle la transition du projet de développement vers celui de la globalisation (McMichael, 1996). Un des premiers éléments de ce passage se manifeste dans la sphère de l'organisation du travail qui subit un processus de flexibilisation dû à l'abandon de l'organisation de la production de type fordiste. La flexibilisation remet en cause la gestion territoriale de l'économie et la notion de l'État interventionniste pour les remplacer par des structures internationales associées au projet globaliste. Sous l'idéologie hégémonique néolibérale, ce projet prendra de plus en plus d'importance et sera porteur du déracinement du marché des institutions sociales qui subiront ce que Giddens appelle un « étirement » (Giddens, 1990), en effaçant le compromis social de type keynésien entre les États, les travailleurs et le capital. Le projet globaliste qui prendra la place du développement héritera aussi de sa présumée neutralité ; il conservera l'aspect téléologique du modernisme en se présentant comme un processus naturel, unidirectionnel, qu'il faut faciliter pour le bien-être de l'humanité tout entière (Lloyd, 2000).

Si, sur le plan économique, cela se traduit par une mobilité croissante des capitaux et des marchandises, sur le plan politique, l'on assiste à une redéfinition du rôle et des formes de l'État. Le phénomène le plus visible est une relocalisation des activités politiques qui se déplacent du haut vers le bas des pouvoirs locaux. Dès la fin des années quatre-vingt, l'on assiste à la naissance de nouveaux États ou de nouveaux conflits qui voient s'impliquer des acteurs interétatiques ou *intraétatiques*.
Les phénomènes de segmentation et d'inégalités produites par la globalisation produisent un changement dans le contenu et dans l'exercice même de la démocratie qui alimente un rapprochement entre système politique et acteurs sociaux.
Les techniques de communication et de transport contribuent à changer les formes du lien social. De plus en plus nombreux sont les groupements, les associations, les organisations qui expérimentent de nouvelles formes de solidarité et d'action politique. Eux aussi traversent les frontières et s'affirment de plus en plus sur le plan international où les États ne sont plus les uniques acteurs. En même temps, ces processus de pluralisation interne et l'importance des nouvelles interdépendances transforment le profil du Nord et du Sud, où les nouvelles zones de privilège et de marginalisation deviennent transversales de l'ancienne division sur des bases géographiques. Les Nord découvrent plusieurs Sud à l'intérieur d'eux-mêmes, et le Sud voit apparaître des niches du Nord.

Dans les années quatre-vingt-dix, les politiques de développement sont investies par des forces de changement et de renouvellement. Le nouveau paradigme interprète le développement comme un processus à plusieurs dimensions, sensible à une direction de *bottom-up*, du bas vers le haut, et qui prend en compte les dimensions sociales et politiques, et institutionnelles.
Les rapports de différentes agences internationales pour le développement décrivent l'introduction de nouvelles approches basées sur le « développement humain », « soutenable » et « participatif ». Les Droits de l'Homme et la démocratie prennent une place centrale dans les nouvelles politiques de coopération internationale (Hirschman, 1981).
En 1990, le premier rapport sur le développement humain de l'UNDP (United Nations Development Programme) le définit comme un processus d'accroissement des opportunités individuelles qui inclut les opportunités économiques et politiques. Cette définition signe le début d'une époque qui est encore actuelle où l'on voit le développement intégrer progressivement les diverses dimensions de l'action humaine. Dans cette nouvelle configuration, l'homme est conçu comme une fin en soi, comme suggéré par la philosophie de Kant que les rapports de l'UNDP et les écrits des auteurs comme Streeten et Sen évoquent (Streeten, 1994 ; Sen, 1984).
En particulier, le *Rapport sur le développement humain 5.* Il cite explicitement Emmanuel Kant quand il exhorte à traiter l'humanité comme une fin, et jamais comme un simple moyen. Par ce chemin, la qualité de la vie devient elle-même une fin (UNDP, 1995). Les Nations unies promeuvent une série de conférences et de sommets internationaux qui deviendront l'occasion de discuter et d'élaborer de nouveaux principes, de nouvelles politiques

et stratégies qui serviront de modèle pour l'action de la communauté internationale et des États particuliers.
Parmi les plus importants, le Sommet de la Terre, à Rio de Janeiro en 1992. C'est ici que l'on assiste à un tournant significatif dans l'histoire du développement.
À Rio, quelque chose de très important se passe, destiné à produire un profond changement dans la façon de percevoir l'homme et les rapports qu'il entretient avec son environnement.
La conférence des Nations unies sur l'environnement et le développement formalise une nouvelle articulation entre les problèmes environnementaux, les conditions économiques et les questions de justice sociale. Elle propose une approche plus globale de l'écologie et du développement durable devenue « doctrine officielle » de la communauté internationale.
Le concept de développement durable avait fait son apparition quelques années auparavant, en 1987, dans le rapport Brundtland, *Our Common Future*, où un nouveau type de développement avait été préconisé et nommé *sustainable development*. Le rapport mettait en relation la croissance démographique, la capacité à nourrir la population, la consommation d'énergie et la diversité biologique. Il prenait en considération l'ensemble des enjeux liés à l'évolution de la planète et les effets de synergie entre tous les phénomènes qui définissaient classiquement le développement, effets qui devaient être intégrés dans un monde pensé de manière collective et diversifiée.
Le Sommet de Rio signe le passage d'un développement conçu comme un ensemble de *nomos*, c'est-à-dire de lois économiques et technologiques, aux *logos*, c'est-à-dire à l'ensemble des relations de l'homme avec le monde environnemental. L'*économie* qui jusqu'alors avait eu le rôle de protagoniste dans les questions de développement cède sa place à l'*écologie*, en tant que science qui étudie les

relations entre les êtres vivants et leur milieu. C'est ainsi qu'un autre changement important intervient et le développement cesse d'être une question qui n'intéresse que les pays du Sud pour se transformer en un objectif qui concerne l'*humanité* tout entière.

Cette humanité devient le chaudron où toutes les identités civiques, étatiques et nationales se fondent et, pour bien la représenter, des sujets transnationaux s'invitent à ce Sommet : les ONG.

L'Agenda 21, le programme d'action qui vient d'être adopté par les États à la fin des travaux, signe le commencement d'un processus qui portera l'affirmation des ONG comme nouveaux acteurs de la coopération internationale, et l'identification de l'environnement comme bien global.

L'ensemble de ces conférences des Nations unies (Vienne 1993, Copenhague 1995, Pékin 1996) donne un net aperçu des changements qui investissent le concept de développement et qui deviendront le nouveau principe-guide pour les différents projets. Chaque conférence réaffirme la centralité de l'homme dans un processus de développement reconnu désormais comme *plurifactoriel* et marque l'émergence de sa nouvelle devise : la lutte contre la pauvreté.

La normalisation du concept de développement décliné à la fois comme durable et global s'accompagne d'une extension du domaine de l'humanitaire qui devient la nouvelle formule pour justifier un type d'intervention qui se veut neutre et nécessaire.

À partir des années quatre-vingt et quatre-vingt-dix, le développement humanitaire a fait son entrée sur la scène de la coopération internationale (Atlani-Duault, 2009).

Bien qu'ils ouvrent à deux sortes de pratiques différentes, ces deux concepts du développement partagent un noyau commun : préserver la vie, celle de la planète entière, et celle des hommes qui l'habitent.

La différence est nette par rapport aux systèmes tels que l'industrialisation ou la modernisation, là où les théories du développement étaient autrefois inscrites. Ici, comme dans tout système idéologique, la vie était considérée comme un simple moyen pour atteindre un but, un espace de temps à utiliser pour construire quelque chose, pour ajouter du nouveau.

En revanche, dans les récentes reformulations du développement, la vie devient une fin en soi, un bien précieux toujours à défendre.

Ainsi, l'on peut observer beaucoup plus qu'une simple continuité entre les théories du développement durable et celles de l'aide humanitaire. Elles se produisent toutes les deux dans un temps qui est présent, mais elles sont « actuelles » aussi l'une pour l'autre, dans le sens où elles agissent l'une sur l'autre, s'influencent et se confortent mutuellement puisqu'elles sont unies *par* la vie.

Qu'est-ce donc que ce signifcat véhiculé par la *durabilité* sinon celui de la protection du bien reconnu comme primaire, selon l'actuel ordre moral, c'est-à-dire la vie ? Et devant la fin des grands récits idéologiques, quelle autre justification pourrait apparaître aussi neutre et nécessaire sinon celle de vouloir sauver des vies (Sloterdijk, 2000) ?

Le développement durable ne se pose aucun autre objectif que de respecter la vie pendant l'application de ses projets, tandis que l'humanitaire s'active pour la sauver dans des situations dites d'émergence. Mais ils entrent dans le même système de justification : ils sont les fils de la même époque et ils reflètent la même *éthique*.

Dans ce genre de configuration, étendant le concept de « gouvernement » de Foucault (Foucault, 2004) au plan transnational, le domaine de l'aide en vient ainsi à être inclus parmi les arts libéraux du gouvernement, dans lesquels le développement contribue au maintien de l'hégémonie des valeurs et des normes à travers un processus d'intériorisation de la discipline et des attitudes qui l'accompagnent. Dans la perspective néolibérale, les politiques d'aide n'ont plus pour objectif de tisser des alliances entre les États, mais visent à une modification des conduites des populations avec eux (Robinson, 2002).

Que devient le *commerce équitable* quand il se trouve intégré dans la planification d'une ONG internationale réglant ses interventions sur les principes de ce deuxième oxymore, celui du *développement durable* ?

Bien que ces deux concepts puissent paraître presque contemporains, et malgré le fait que de nombreuses tentatives de rapprochement aient été faites entre eux, ces deux oxymores semblent décrire deux types de réalités différentes.

Le commerce équitable nous emmène dans la sphère d'un idéal à réaliser, d'une condition à atteindre, qui est justement celle d'un marché plus équitable. En revanche, le développement durable nous annonce un état de fait : la fin du développement ou, plus exactement, la fin du développement tel qu'il a été conçu selon le projet de la rationalité moderniste.

Dans le commerce équitable, le rapprochement des deux termes contraires souhaite l'ouverture d'un espace pour la création d'une réalité différente. En revanche, dans le développement durable, l'association du développement avec son contraire semble être le seul moyen pour continuer à tenir en vie une des plus puissantes idéologies occidentales ayant désormais épuisé toutes ses possibilités heuristiques.

En réfléchissant sur les relations entre développement durable et commerce équitable, Vaillancourt et Bamago (Vaillancourt, Bamago, 2006) signalent la complémentarité des deux concepts. Selon les auteurs, le commerce équitable et le développement durable ont en commun le

fait de reconnaître et de dénoncer des situations inacceptables. Pour le commerce équitable, c'est la reconnaissance du déséquilibre entre les échanges internationaux, alors que pour le développement durable, c'est celle d'un modèle de développement industriel productiviste insouciant des enjeux environnementaux et sociaux actuels. En remettant en discussion la place prépondérante de l'économie au détriment du social et de l'environnement, le commerce équitable et le développement durable proposeraient un compromis entre l'économie, le social et l'environnement, en faisant de l'économie un outil et non une fin en soi.
Ils en concluent qu'avec son attention portée à la justice sociale, l'équité, le respect des Droits de l'Homme et de l'environnement, le commerce équitable s'appuierait sur les trois pôles qui sont au cœur du développement durable : l'économie, la sociopolitique et l'environnement.
La position de Diaz Pedregal (Diaz Pedregal, 2006) est divergente. Pour la sociologue, l'apposition des deux labels équitable et biologique serait une tendance récente, renforcée par le marché et par le succès des produits à double labellisation. Dans le commerce équitable né essentiellement pour favoriser la solidarité Nord-Sud, la question écologique est secondaire. La promotion des cultures d'exportation au détriment des cultures vivrières et le manque de réflexion sur le transport des marchandises en constitueraient les preuves les plus évidentes.
Diaz Pedregral discute la durabilité des actions entreprises selon le paradigme du commerce équitable, qui reste à ses yeux avant tout économique.
Pourtant, l'absence de complémentarité entre le commerce équitable et le développement durable semble dépasser les simples contraintes économiques qui empêchent le commerce équitable d'être également durable.

En fait, il semble que le commerce équitable et le développement durable s'inscrivent dans le cadre de deux paradigmes, qui conçoivent le développement de façon totalement différente.
Le commerce équitable et l'attention qu'il porte à l'économie, au marché international et à la croissance semblent pouvoir encore bien incarner l'esprit de l'idéologie du développement tel qui a été conçu à partir des années cinquante.
Cette idéologie que l'on a vue à l'œuvre durant toute la moitié du siècle, se caractérise tout d'abord par sa forme : le projet. Projet à entendre comme un design à réaliser en vue d'une amélioration à venir. Comme tout projet, il naît d'une négation, d'une contestation d'un ordre existant qui scandalise et mène à l'action. Le projet du commerce équitable demande une forme d'adhésion idéologique qui dépasse l'ordre du réel en vue de la réalisation de quelque chose qui existe seulement à l'état pur des idées. Ce projet est doté d'une rationalité moderne, où l'on voit surgir un sujet qui décide d'employer des moyens particuliers pour obtenir des objectifs tout aussi spécifiques.
Le commerce équitable émerge d'un acte de révolte contre des structures dont il envisage de garder la forme. S'il dénonce la centralité et l'omniprésence de l'économie et des relations marchandes, il ne s'en émancipe pas pour autant. Au contraire, il cherche simplement d'autres stratégies pour les atteindre. Ces stratégies sont présentées encore sous forme de lois à suivre : la labellisation, la structure démocratique des organisations de producteurs ou des contrats avec les partenaires économiques. C'est dans ce sens que l'on pourrait affirmer que le commerce équitable est encore partie intégrante de la logique du développement économique : bien qu'il se développe en opposition aux politiques précédentes, il en partage les mêmes valeurs.

Le commerce équitable propose un changement dans les moyens, mais les objectifs ne sont jamais remis en question : ils restent bien la croissance, le marché, la productivité. Autant de recettes économiques qui s'accompagnent de procédures politiques conçues comme indispensables pour leur réalisation : la structure démocratique des organisations de producteurs, l'émancipation féminine et la scolarisation des enfants. Ces instances économiques et politiques sont le produit d'une idéologie dont on a précédemment exploré les influences[2], qui ne procède pas de la pratique, mais d'un idéal élaboré à partir d'une autre histoire, celle de l'Occident.
Dans la configuration du commerce équitable, le monde est encore partagé en un Nord riche et développé et un Sud tout à développer. Cette division est réitérée avec la superposition de deux autres catégories : les consommateurs au Nord et les producteurs au Sud.
Dans cette perspective, le développement est encore envisagé comme une étape qui a été atteinte par le Nord et qu'il faut maintenant élargir aussi au Sud. Ainsi, la relation de développement qui s'instaure entre celui qui développe et celui qui est développé reste inégale, bien que nuancée sur la base des principes de solidarité. Ici, la solidarité qui incite à l'action est une solidarité entre différentes zones géographiques, reflétant différents niveaux économiques. Le Nord et le Sud identifient les riches et les pauvres.
La formule « *Trade not aid* », employée comme devise du commerce équitable, est pour la première fois apparue dans les années soixante au sein de la Conférence des Nations unies pour le commerce et le développement. Elle a, évidemment, été influencée par la vision de l'époque qui

[2] Voir Rubino R., 2015, *« Au-delà du don et du marché. Des bogolans au coton biologique du Mali. »* Éditions L'Harmattan.

envisageait le développement comme une variable économique.
Le commerce équitable est seulement une variation du design du développement économique et moderne, dont les principes fondamentaux ne sont jamais véritablement remis en question. Le commerce équitable propose simplement d'y ajouter des instances sociales et éthiques.

En revanche, pour qu'un véritable changement dans le développement traditionnel productiviste puisse s'opérer, il faudra attendre le développement durable.
Comme on vient de le voir, le développement durable est l'artifice qui rend possible le passage de l'économie à l'écologie, du *nomos* des lois rationnelles et nécessaires au *logos* significatif d'un mouvement d'adaptation et d'arrangement constant dans les rapports entre l'homme et la nature.
Dans la configuration du développement durable, toutes les divisions géographiques et économiques s'écroulent, ainsi que toute appartenance identitaire particulière. Le sujet est l'homme qui, conçu dans son état de « nature préculturelle », apparaît comme un parmi les autres espèces vivantes, et la planète Terre est sa maison.
La solidarité à laquelle le développement durable encourage n'est plus entre le Nord et le Sud, mais entre toutes les générations à venir.
Le développement durable remet en cause l'histoire entière de l'Occident et sa marche progressive vers un bien-être économique dont il faut aussi faire profiter les autres.
Surtout, le développement durable n'a aucun contenu substantiel. C'est la raison pour laquelle l'on ne pourra jamais prétendre l'avoir atteint. Le développement durable est une forme vide qui sera adaptée à chaque contexte dans le but de soigner l'équilibre fragile qui règle les rap-

ports de l'homme avec les autres espèces animales et végétales.
La plus grande nouveauté dont le développement durable se fait porteur réside justement dans ce vide. Le développement durable n'a pas un contenu spécifique, il n'est qu'une forme. Bien qu'il se base sur autant de constructions imaginaires et idéologiques, comme, par exemple, l'idée de l'homme et son état de nature primordial, le développement durable n'implique jamais un devoir-être définissant sa présence au monde.
Il remet en cause la domination de la technique et de la mondialisation, et il invite à une réconciliation de l'homme, universellement conçu, avec son territoire.
En revanche, la critique formulée par le commerce équitable vise à améliorer la mondialisation dont lui aussi est le fils irrévérencieux. Ce sont les grands mouvements de marchandises qui lui permettent de faire l'hypothèse des bienfaits d'un marché bien réglementé. C'est la circulation des hommes, qui se déplacent au-delà de leurs frontières pour rencontrer d'autres cultures, qui entretient le bénévolat et la construction des liens de solidarité. De plus, c'est toujours la mondialisation qui permet de vendre dans les boutiques du commerce équitable les produits artisanaux de pays lointains et exotiques.
L'homme qui est présent dans le discours du commerce équitable n'est pas seulement un homme culturellement défini, mais sa culture est aussi un produit à vendre.
Dans les prochains chapitres, nous verrons quelles transformations Helvetas Mali est obligée d'apporter au projet Coton bio-équitable pour pouvoir l'inscrire dans la logique du développement durable. Ces transformations seront révélatrices non seulement de ce type de développement que l'on nomme durable, mais aussi des traits spécifiques de l'action des structures qui le mettent en place : les ONG.

CHAPITRE III

HELVETAS
DE LA SUISSE AU MALI

Organisations, pas seulement non *gouvernementales,* mais aussi et surtout non *gouvernables*, est le significat flou et vague que l'acronyme ONG a fini par assumer, non sans polémiques, au cours du XXe siècle.
Bien qu'il soit possible de reconnaître un rapport de continuité entre ce genre de structures et d'autres solidement enracinées dans la tradition du monde occidental et consacrées à des initiatives de type caritatif et philanthropique, il reste que l'extension de ses domaines d'activités, ses déplacements en direction des pays en développement et, surtout, son irruption sur la scène politique internationale sont des raisons suffisantes pour parler d'elles comme d'un phénomène réellement inédit.
Structures privées, dédiées à l'assistance aux victimes militaires, suivies d'autres de type religieux et confessionnel, elles ont connu un virage important au lendemain de la Seconde Guerre mondiale et après la décolonisation.
Au début du siècle, les médecins et les missionnaires étaient les protagonistes de ces mobilisations. Ensuite, ce sont des sociétés tout entières qui se sont organisées pour porter sur la scène internationale des conflits qui, auparavant, étaient réglés à l'intérieur des frontières nationales.
La transposition à un niveau supranational de certains combats autrefois intra étatiques, le regroupement de personnes sur la base non d'une quelconque identité internationale, mais d'une sensibilité partagée autour d'une problématique spécifique (Abélès, 2006), est apparu comme un phénomène que certains ont appelé « société civile internationale » (Cohen, 2004). Les identités civiques de

classe ou de genre laissent alors place à un ensemble de sensibilités partagées par des groupes qui disent fonder leur solidarité sur leur appartenance commune à l'espèce humaine, et les Droits de l'Homme deviennent leur principal instrument pour toutes sortes de revendications.
Il faudra attendre la fin de la Seconde Guerre mondiale et le 26 juin 1945, date de la signature à San Francisco de la Charte des Nations unies, pour que les ONG obtiennent une reconnaissance consacrée par un traité international, et à portée universelle.
Le qualificatif *non gouvernemental* distingue la représentation d'intérêts non étatiques et la représentation des intérêts des gouvernements, entendue au sens strict de la représentation de l'État.
Une nette distinction avec les organisations intergouvernementales est établie lorsque l'on décide que les ONG ne seront pas des organisations de droit international créées par un accord entre les États, mais des structures « de fait », de droit interne, auxquelles le droit international se limite à octroyer la capacité d'intervenir sur la scène internationale, lorsque les critères sont respectés[3]. Elles regroupent tout type d'associations, sauf celles issues de la volonté des gouvernements, les syndicats, mais aussi les entreprises, les structures d'ordre confessionnel, les centres de recherche et les universités.

Les premières années de leur apparition, les ONG furent saluées comme les dernières figures de la révolte. Des hommes et des femmes suffisamment cultivés et sensibles

---

[3] Par exemple, être qualifié pour traiter des problèmes relevant de la compétence du Conseil économique et social ; avoir des objectifs conformes aux buts et principes de la Charte des Nations unies ; disposer d'une représentativité réelle dans leur champ d'activité propre ; présenter des garanties suffisantes de responsabilité et de représentativité ; justifier d'une implantation internationale effective pour les travaux du Conseil (Cohen, 2004).

pour pouvoir se lever contre leurs gouvernements respectifs et s'ouvrir à des actions dont la justification n'émanait plus d'intérêts d'ordre politique.
L'histoire d'Helvetas, la ligne évolutive de son organisation interne et de ses activités de terrain montrent le danger de cette interprétation visant l'espace social et politique en tant que blocs juxtaposés. Au contraire, elles suggèrent l'image de vases communicants constamment pris dans l'échange.
Helvetas est aujourd'hui l'une des plus grandes ONG d'aide au développement. Son affirmation dans le secteur du développement est le résultat d'un vaste travail d'échanges avec des acteurs fortement différenciés.
Si le support d'une opinion publique soigneusement sensibilisée semble être la partie la plus importante sur laquelle elle a su construire sa légitimité, dans les faits, son organisation découle d'une série de compromis, non seulement avec l'État et les acteurs privés de la coopération suisse, mais aussi avec les grandes organisations internationales. Parmi tous ces acteurs, l'État, l'opinion publique, les organisations internationales, existent des relations de forte et insoupçonnable complémentarité.
Le projet Helvetas naît de l'idée du directeur du Don suisse, Rodolfo Olgiati. En 1947, il propose d'élargir aux régions extra-européennes le domaine d'action des œuvres d'entraide dévolues à la reconstruction de l'Europe de l'après-guerre.
Olgiati, secrétaire du Service civil international entre 1950 et 1953, s'adresse plusieurs fois au conseil fédéral pour le convaincre de la nécessité de se montrer solidaire avec les pays du Sud. À ce moment, l'un des conseillers fédéraux lui suggère de « *mobiliser d'abord la population* ».
Olgiati demande et obtient non seulement le soutien de Regina Kägi-Fuchsmann, fondatrice de l'OSEO (l'Œuvre suisse d'entraide ouvrière) qui avait organisé le soutien

aux victimes de la guerre civile espagnole, mais aussi du directeur de la FAO, Friedrich Traugott Wahlen. C'est ce dernier qui met en contact les bénévoles avec d'abord un expert de la FAO, directeur d'un projet d'économie laitière au Népal, et ensuite avec Ludwig Groschupf, directeur d'une compagnie de transport maritime, un homme d'affaires déjà engagé dans la construction d'un village en Irak au titre du bénévolat. Groschupf deviendra le président de cette association qui prendra forme en 1955.

Si l'on regarde dans la composition de ce qui s'appelait à l'époque l'Aide suisse aux régions extra-européennes (ASRE), l'on trouve, à côté des bénévoles fondateurs, des ingénieurs, des sociologues du développement, et aussi des collaborateurs de l'UNESCO et de la FAO.

L'association se présente comme le fruit d'un compromis pragmatique entre idéalisme et réalisme politique (Möckli, 2005).

Et ce n'est pas un hasard. En suivant le conseil du directeur de la FAO, l'ASRE associe des militants de gauche avec des experts et des techniciens. L'on y retrouve non seulement des individus qui avaient déjà eu des expériences dans le secteur du développement public ou des organisations internationales, mais aussi des membres qui, après les expériences mûries au sein de l'ASRE, décident de continuer leur carrière dans le secteur gouvernemental.

Ces mouvements témoignent, une fois de plus, de l'existence d'une certaine circulation, dans le domaine du développement, entre secteurs gouvernementaux et non gouvernementaux.

En 1964, dans son discours, la vice-secrétaire d'Helvetas affirme que « *l'aide au développement constitue une part importante de la politique extérieure de la Suisse* » (Möckli, 2005). Elle mêle ainsi les activités de l'État, celles de particuliers et de son association, et surtout elle les fait coïncider avec la politique extérieure de la Suisse.

Sur un autre plan, le souci qui agaçait le plus les bénévoles fondateurs était la constatation que « *notre peuple se montre si distant face aux efforts de collaboration internationale* » (Möckli, 2005).
Les fondateurs voulaient, en effet, que l'association se transforme en un mouvement populaire. Pour cette raison, ils décident de donner aux membres le droit de participer aux activités et aux décisions. Les efforts qu'Helvetas déploiera pour sensibiliser l'opinion publique seront exactement égaux à ceux qu'elle manifestera pour obtenir une reconnaissance auprès des institutions politiques nationales et les organisations internationales.

Pendant leur activité de coordination de l'aide aux victimes de la guerre civile espagnole et de direction du Don suisse, les fondateurs d'Helvetas avaient mûri la conviction « *qu'il faut éradiquer les énormes différences de niveau de vie entre les peuples pour le maintien de la paix dans le monde* ». Ils publient un premier mémorandum dans lequel ils déclarent vouloir se donner pour tâche de fournir « *une contribution suisse au développement matériel, social, culturel des peuples économiquement défavorisés en dehors de l'Europe. Il est temps de passer de l'aide à la reconstruction en Europe au travail pour la paix dans les régions extra-européennes* » (Möckli, 2005).
Le lien entre la pauvreté et la menace pour la paix devient, à travers un véritable coup de force idéologique, la justification principale sur laquelle l'ONG inscrit la nécessité de son intervention. L'idée du danger représenté par les pauvres en tant que menace pour la stabilité et la paix est présentée comme une évidence.
Sur un autre plan, l'on ne peut pas s'abstenir de remarquer le fait que la plupart des grandes ONG comme Oxfam, mais aussi Helvetas, nées pour des actions de secours aux victimes de guerres (Oxfam pour les victimes grecques, et

Helvetas pour les victimes espagnoles), décident ensuite de se consacrer à la prévention des catastrophes, par le biais d'une action qui reste très mal conceptualisée dans le mot développement. Comme nous le verrons en suivant le parcours d'Helvetas, il ne s'agit pas de développer dans le sens d'industrialiser ou de moderniser, mais plutôt de soigner des équilibres à travers un type d'action qui doit durer et s'ajuster en permanence aux possibles dégradations. Dans cette perspective, les frontières entre aide humanitaire et développement (tel qu'il est conçu et pratiqué actuellement) semblent se fondre. Ces deux notions apparaissent sur une ligne continue dont le curseur est représenté par la catastrophe que l'on cherche à soigner dans l'humanitaire, et à éviter dans ce nouveau type de développement dont l'unique fin est la préservation de la vie et sa durabilité.

Ainsi, au moment de la conceptualisation détaillée des projets, Regina Kägi-Fuchsmann défend, en 1954, l'idée d'une aide qui doit être « *économique et humanitaire, agricole et médicale, pédagogique et technique* ». Et si le civiliste Rolf Wilhelm plaidait pour « *une aide désintéressée et une collaboration démocratique* » à fournir avec « *amitié et un savoir-faire concret* », d'autres, comme Walter Custer qui, en 1950, avait participé à l'une des premières missions de développement de Suisse-Nepal Forward Team, portaient un regard désenchanté, car selon eux, l'aide technique devait être interprétée comme une aide globale. Custer soutenait, à partir de ses précédentes expériences dans le secteur, la nécessité d'abandonner l'idée que développer signifie « *équiper des pays lointains pour les intégrer au système économique colonial impérialiste* ». Pour remplacer cette image liée à une conception qui partage le monde en pays développés ou sous-développés, il préférait parler *« des régions économiquement et socialement équilibrées ou non. »*

Les fondateurs d'Helvetas utilisent les termes *d'humanitaire* et de *collaboration démocratique* pour qualifier un développement qui se pose pour objectif d'aider certaines régions du monde à trouver un *équilibre social et économique.*

L'accord sur le programme de base de la nouvelle association trouve sa concrétisation en un mémorandum rendu public en 1954. L'aide était alors présentée comme une « *amélioration de condition de vie* », et n'importe quel pays économiquement défavorisé pouvait alors être pris en considération.

En 1955, dans le premier opuscule d'information, l'Aide suisse aux régions extra-européennes met en avant la particularité de son aide : le travail à la base, le partenariat et l'autodéveloppement. Le type d'intervention prévoit la promotion d'infrastructures en milieu rural et la gestion durable des ressources naturelles. Ces principes fonderont et guideront l'action de l'ONG jusqu'à nos jours, et nous analyserons ce que la fidélité à ces principes, notamment en matière de gestion durable des ressources, impliquera quand Helvetas décidera d'intégrer, parmi ses projets, le commerce équitable.

Mais dans l'opuscule, l'Aide suisse aux régions extra-européennes affirme aussi sa volonté de « *soutenir des secteurs culturellement et socialement implantés depuis plusieurs générations et travailler pour la paix* ». Ainsi, Helvetas proclame sa résolution à travailler avec les peuples et leurs organisations et insiste encore sur le lien direct entre la satisfaction de ces besoins et la paix.

En même temps, l'appui technique qu'Helvetas met à disposition de ces pays défavorisés est loin d'être celui envisagé dans le projet moderniste du développement.

En 1959, Werner Erismann écrit dans un périodique évangélique : « *L'être humain est au centre de nos projets* » et

avec lui, le partenariat dans lequel les pays occidentaux doivent s'engager avec les paysans du Sud.
Ce sont toujours les années soixante, les mêmes qui voient s'affirmer le paradigme du développement comme croissance économique et industrialisation. Et pourtant, une autre pratique du développement est en train de prendre forme sous l'action directe des ONG.
En 1960, Helvetas s'installe dans le *tiers-monde* et ses interventions intéressent le Népal, le Cameroun et la Tunisie. Elle commence à acquérir une bonne réputation pour ses modalités d'intervention et la qualité de ses collaborateurs, si bien que de nombreuses autres œuvres d'entraide suivent son chemin et que la DDA (la future Direction de la coopération suisse au développement et de l'aide humanitaire) se dit prête à lui confier certains projets de développement. Commence ainsi une étroite collaboration entre l'ASRE et la Confédération suisse, car « *l'ASRE manquait de moyens mais avait de l'expérience et la Confédération avait les moyens mais il lui manquait les hommes de terrain* ». Ce sont les mots de Wilhelm dont le parcours professionnel reflète bien cette coopération. Après avoir milité dans le secteur non gouvernemental du développement, il intégrera le niveau gouvernemental en devenant le vice-directeur de la DDA (Möckli, 2005).
Et pourtant, cette collaboration entre la DDA et Helvetas va attirer de graves soupçons sur la réelle autonomie de l'ONG qui commence aussi à être affligée par une série de divergences internes.
Le problème surgit lorsque les divisions régionales et les experts de terrain se sentent contraints d'obéir à des décisions prises par des bénévoles, loin du terrain. Jusqu'au début des années soixante, l'association fut surtout gérée par des bénévoles qui se chargeaient de trouver des fonds et de sensibiliser la population suisse.

Dans le but de transformer l'association en un vaste mouvement populaire, Helvetas avait pris la décision très risquée de faire participer directement ses membres à la prise de décision et aux activités. De plus en plus fréquemment, les techniciens se trouvaient donc frustrés par des décisions prises en majorité par des bénévoles totalement éloignés de la réalité des faits.

Dix ans après sa fondation, *l'Aide suisse aux régions extra-européennes* traverse l'une des crises les plus importantes de son histoire. Elle sera résolue avec le changement de nom en *Helvetas* et une série de restructurations internes.

En 1969, l'on assiste à une professionnalisation progressive d'Helvetas qui se concrétise par une direction stratégique plus rigoureuse.

Dans les années soixante-dix, les politiques de développement suisses font l'objet d'une forte critique. À Berne, les groupes de travail suisses pour le développement exigent que l'on ne se contente pas de *« donner plus »* au tiers-monde, mais que l'on commence à lui *« prendre moins »*. Ils dénoncent les intérêts commerciaux qui, de fait, limitent la coopération au développement.

À ces critiques, qui avaient déjà beaucoup touché l'ONG, s'en ajoutent d'autres, concernant cette fois-ci le travail sur le terrain d'Helvetas. De jeunes organisations issues du mouvement étudiant critiquent durement l'un des projets d'Helvetas au Cameroun et les salaires des experts suisses, et ils dénoncent également l'extranéité des structures par rapport aux réalités locales.

Helvetas traverse l'un des moments les plus compliqués de son existence. En 1975, elle publie un rapport signé par d'autres œuvres d'entraide intitulé « Maldéveloppement Suisse-monde : proposition pour une nouvelle politique suisse de développement » dans lequel elle se positionne dans le débat sur l'aide au développement. Ce rapport lui coûtera la perte du soutien de gros partenaires privés. Cependant, Helvetas décide de persévérer dans sa ligne critique sur le développement et, sur cette base, elle élaborera de nouvelles stratégies d'intervention.

Dans les années quatre-vingt, Helvetas commence à collaborer avec les premières ONG locales. Dans son document intitulé « Politique d'Helvetas, principes de base régissant son activité », elle manifeste sa volonté de promouvoir des projets pour un développement fondé sur les conditions culturelles, sociales et économiques des pays en développement. Elle change aussi ses partenaires et, cette fois, elle se tourne vers le peuple suisse et l'opinion publique en général. Elle entame une vaste campagne d'information et de sensibilisation, au terme de laquelle elle obtiendra 200 000 signatures. Ce sont ces signatures qui lui permettront de décrocher à l'Assemblée fédérale une augmentation de son budget d'aide au développement qui de 0, 26% passera à 0, 31% du produit intérieur brut, et la DDA multipliera les projets à lui confier (Möckli, 2005).

L'histoire d'Helvetas est entièrement tissée de ces moments qui voient son succès populaire entraîner l'aide et la collaboration de la DDA, jusqu'à ce que son indépendance soit remise en question. Elle se lance alors à la conquête du soutien populaire en essayant de démontrer toute son autonomie et son esprit critique, car c'est l'assise populaire qui légitime l'importance des montants consentis par la Confédération.

Mais les années quatre-vingt ne sont pas les plus fécondes pour le développement. Et c'est ainsi que les dirigeants d'Helvetas suggèrent de renoncer à un partenariat exclusif avec les ONG et de promouvoir les « *synergies entre des institutions étatiques et non étatiques, régionales et locales* » (Möckli, 2005). Ici, l'on retrouve l'origine d'une particularité d'Helvetas : elle travaille non seulement avec

la société civile – ou plus exactement avec ses modestes expressions –, mais elle s'investit aussi directement dans la formation des conseillers municipaux, des maires, c'est-à-dire avec les partenaires étatiques.
Toujours dans l'intention de s'investir davantage dans le changement des conditions globales, Helvetas fonde, en 1991, la succursale suisse de la Fondation Max Havelaar. C'est ainsi qu'elle intègre peu à peu le commerce équitable. En même temps, les boutiques de FairShop, ces boutiques de commerce équitable, commencent à se développer.
Helvetas parvient ainsi à équilibrer les rapports entre bénévoles et professionnels. L'organisation reste active dans seize pays et, après la chute du mur de Berlin, elle regarde aussi vers les ex-pays socialistes.
En 1985, la décision d'Helvetas de privilégier plus l'aspect social et populaire de l'association que celui de la professionnalisation technique s'exprime dans un nouveau changement de nom : l« *Association suisse d'assistance technique* » devient l'« *Association suisse pour la coopération internationale* », et elle lance un nouveau slogan :
« *Helvetas. Agir pour un seul monde* ».
Entre 1996 et 2005, Helvetas parvient à élargir ses projets sur trois continents et choisit de rester en étroite relation avec la société, en privilégiant le domaine politique au domaine technique.
En conséquence, le travail d'information auprès de l'opinion publique, de mobilisation et de sensibilisation, devient une opération fondamentale pour Helvetas.
Cinquante ans après la naissance du projet, et après plusieurs conflits internes, Helvetas décide de se donner la double mission de promouvoir une information politique et culturelle auprès de l'opinion publique suisse et de réaliser de projets de développement dans les pays du Sud.

Entretemps, la Confédération crée la Direction du développement et de la coopération (DDC), rattachée au Département des affaires étrangères. La DDC continue à collaborer avec les organisations non gouvernementales et admet ne pas pouvoir se passer de ce support étant donné son profond enracinement dans la société.
En 2005, Helvetas gère un budget annuel de 60 millions de francs suisses environ. Avec cette somme, elle fait travailler près de 650 personnes dans 22 pays du Sud. Environ un cinquième du montant dont dispose l'association provient des dons, des cotisations versées par les membres et de la vente des produits commercialisés par Helvetas dans sa boutique de commerce équitable. Les 80 % restants proviennent, à parts relativement égales, des contributions versées directement à un programme, de projets dont la DDC a confié la régie à Helvetas, ou encore de mandats qui lui ont été confiés par d'autres institutions (Möckli, 2005).
Cependant, Helvetas tient à se présenter comme « *une organisation d'aide au développement indépendante, mondialement reconnue, largement soutenue par l'opinion publique suisse* » (Möckli, 2005).
En 2005, l'association compte 44 000 membres et 16 sections régionales, les préoccupations de la base populaire restent prioritaires dans sa démarche.
En 2009, Helvetas commence à travailler en collaboration avec Intercooperation. Intercooperation, avec son expertise dans le domaine du climat, de la microfinance et de la promotion de l'entreprise, complète les secteurs d'activités d'Helvetas. Encouragées par cette collaboration fructueuse et ses synergies, les deux organisations fusionnent en 2011.

Au-delà des faits particuliers, il est important de souligner que, dès son origine, l'ONG est née d'une série de rela-

tions qui, contrairement à ce à quoi l'on pouvait s'attendre, n'avaient rien de spontané.
Helvetas est créée à la frontière de plusieurs mondes : les bénévoles, la Coopération suisse, les organisations internationales, les techniciens, les délégations régionales, les entreprises privées.
La tension permanente qui découle de cet entre-deux, voire plus, sera une constante, un nœud qui ne se dénouera jamais parce que c'est bien lui qui la constitue.
En même temps, l'histoire d'Helvetas prouve combien l'insistance sur sa dépendance financière simplifie et banalise un mécanisme de fonctionnement beaucoup plus compliqué.
Comme nous l'avons vu, la première dépendance, et aussi la plus forte, qu'elle subit est celle de l'opinion publique. Le soutien populaire est la condition *sine qua non* pour recevoir les financements de la DDC et de la Confédération. En même temps, pour obtenir le soutien populaire, elle doit constamment démontrer son indépendance totale vis-à-vis du gouvernement.
C'est seulement le début d'une longue liste de difficultés qui continue quand Helvetas doit harmoniser les attentes de ses bénévoles et de ses publics avec les instances des opérateurs techniques et des divisions régionales.
La tension principale n'est pas à chercher entre la société civile qui compose l'ONG et son gouvernement, parce qu'elle n'est qu'apparente. Le véritable point de tension se situe entre les pressions démocratiques de la Confédération et l'expertise technique nécessaire pour gagner la crédibilité et la reconnaissance auprès des grandes organisations internationales. Cette tension est présente depuis le début. Quand les fondateurs de l'ASRE demandent assistance aux conseillers de la Confédération, on leur répond de mobiliser la population, et quand ils se tournent vers le

président de la FAO, on leur suggère de miser sur la professionnalisation de ses membres.
L'ONG est prise dans une friction permanente. D'un côté l'État qui, pour la soutenir, lui impose de se soumettre à l'opinion publique en faisant de ses propres préoccupations celles de tous, et donc de la politique. De l'autre, les organisations internationales qui demandent à l'ONG un niveau très élevé de professionnalisation et d'expertise.
Helvetas est une structure hybride. Depuis sa naissance, elle est prise entre la tentation d'être un mouvement populaire indépendant et son inéluctable professionnalisation technique qui lui permet d'exister sur la scène de la coopération internationale, mais qui temporise aussi toute ardeur politique.
La professionnalisation technique et le regard vigilant de son opinion publique donnent naissance à un double système de contrôle où l'un devient la limite de l'autre. Ces forces juxtaposées génèrent un équilibre toujours instable et fragile derrière lequel d'autres acteurs, comme l'État et les organisations internationales, se cachent et exercent aussi leur pression.
Un mouvement dynamique constant où l'expertise technique nécessaire sur le terrain et valorisante pour les ONG sur le plan international est toujours soumise aux attentes et au regard vigilant de l'opinion publique, indispensable pour le soutien étatique.
Ce n'est pas par hasard que les ONG apparaissent en concomitance avec l'affirmation des structures supranationales. Elles deviennent le lieu d'une lutte bien plus importante : celle entre la politique nationale, contenue sous forme embryonnaire dans la volonté populaire, et la politique internationale, contenue dans l'expertise technique.
Ainsi, toute hypothèse visant à faire de l'ONG l'incarnation de la société contre l'État tombe à l'eau.

Helvetas arrive au Mali en 1977. À la suite d'une grande sécheresse qui avait frappé le pays dans les années 1972-1973, le gouvernement malien lance un appel humanitaire à la communauté internationale.
La Coopération suisse y répond et confie à Helvetas la mise en place d'un projet pour la construction de points d'adduction d'eau.
Ainsi, à la différence de beaucoup d'autres ONG, Helvetas s'installe au Mali sur la sollicitation de la Coopération suisse. L'accord signé entre le Mali et la Suisse ne concerne que la gestion de l'eau publique. Helvetas commence à agir de façon très modeste dans les zones de Kolondjeba et de Bougouni.
Helvetas était, à l'époque, une ONG à forte composante d'experts.
Il faut rappeler que, selon la dynamique des équilibres entre engagement politique et savoirs techniques précédemment décrits, la haute professionnalisation qui lui avait valu la confiance de la Coopération suisse était la même qui lui permettait d'afficher une certaine neutralité politique et d'intervenir dans un pays tel que le Mali.
Bien évidemment, la nature technique de son intervention et ses implications ne passaient pas inaperçues aux yeux des opérateurs du développement.
Ainsi Sekou Diarra, président adjoint d'Helvetas, raconte :

> « *Les coopérations ne se sont pas donné les mêmes ambitions. Les Québécois qui sont venus avec, déjà, leur expérience de lutte et de revendication. Ce sont des gens qui avaient une certaine vision qu'il fallait construire, une articulation entre l'État et le corps social. Donc, en effet, leurs entrées n'ont pas été la même chose.*
> *La Coopération suisse n'avait pas autant d'ambition par rapport aux enjeux de la société civile. C'était*

un accompagnement pour le développement, mais pour donner une réponse à une demande de l'État. Chez les autres, il n'y avait pas vraiment cette volonté-là de ne pas rester derrière les pouvoirs publics, mais la volonté de dire qu'entre l'État et la société civile, il y a des possibilités de corriger les dysfonctionnements. Il y avait chez les autres cette volonté d'amener la société civile à être force de proposition. Ces structures-là ont voulu travailler sur le volet politique... Ils ont pris un peu de courage aussi.

J'en ai vu un peu... Comment dire ? Il y avait le Conseil œcuménique des églises – COE – qui est basé à Genève ; il avait un programme de solidarité pour le développement au Sahel, programme pour atténuer les effets de la sécheresse et pour encourager le développement ; il y avait le Congolais N'Guere qui couronnait ça, mais au nom du Burkina.

La Coopération française était là, présente notamment avec des ONG, comme "les amis du Sahel". Quelques rares ONG françaises étaient là, mais les plus importantes étaient canadiennes... » (Entretien avec Sekou Diarra, Helvetas).

Helvetas arrive donc au Mali pour gérer une *urgence humanitaire* sollicitée par l'État malien, avec un projet commandité par la Coopération suisse que les experts appliquent selon la « logique projet », c'est-à-dire en prenant eux-mêmes en charge toutes les étapes de sa réalisation. Cependant, ce projet, avec toutes les limites liées à la nature de son application, fut pour Helvetas l'occasion de commencer à construire un lien avec les populations locales qu'elle n'a fait que renforcer au cours de ses trois décennies passées au Mali.

Moussa Doumbia, responsable en 2008 du PAAD (Programme d'appui aux acteurs de la décentralisation) d'Helvetas accepte de reconstruire le parcours d'Helvetas au Mali pendant un voyage entre Bamako et Bougouni. Il insiste sur l'importance qu'Helvetas a su donner aux relations avec la population locale, et sur la stabilité de sa présence au Mali.

> « *Quand ils sont venus avec ce programme-là, ils faisaient pratiquement tout gratuitement avec les gens. Et les gens aussi n'avaient pas très bien compris, c'était même difficile d'obtenir la participation des populations. Mais les gens, avec le temps, ont compris que l'eau est vraiment vitale, ils ont mis en lien l'eau avec la santé, la disponibilité de l'eau...*
> *Helvetas et la Coopération suisse se sont forgé vraiment une image dans ce domaine-là. C'est là aussi qu'on a travaillé sur les relations. Aujourd'hui, les relations avec les populations sont vraiment des relations de confiance, parce que cela fait plus de trente ans.*
> *Une ONG qui vient, ce n'est pas souvent évident d'avoir tout de suite la confiance des gens, si l'on vient après quelque temps, on repart deux, trois ans après. Mais le fait de rester dans la zone permet aussi de développer d'autres programmes...* » (Entretien avec Moussa Doumbia, Helvetas.)

Il confirme la façon dont l'urgence humanitaire a été une porte d'entrée pour Helvetas qui décide par la suite de rester et de s'investir dans le développement.
L'on retrouve ici l'un des faits à partir desquels la thèse d'une continuité entre humanitaire et développement a été proposée précédemment. En intervenant pour faire face à une crise due à la rareté des ressources en eau, ainsi qu'à

l'accès insuffisant à l'eau potable et aux équipements sanitaires, Helvetas commencera à appuyer d'autres types de projets avec des approches également différentes. Ces projets ne trouveront pas de justification dans la nécessité de gérer une urgence, mais dans la volonté de construire un système de sécurité capable de protéger ces populations perçues comme *vulnérables*, et de le faire de façon durable dans le sens d'ajustable. Un système suffisamment souple pour pouvoir s'adapter à toutes sortes de risques possibles. C'est ce qu'Helvetas appelle développement durable.
Ainsi Helvetas décide de prolonger ses activités au Mali avec la création d'un autre programme, le PAIL (Programme d'appui aux initiatives locales), avec lequel elle commence à solliciter la participation des populations locales et à les inclure dans des projets d'aménagement de petits barrages. Tout en persévérant dans son programme de soutien au secteur de l'eau, elle commence aussi à montrer son intérêt pour de nouveaux domaines.
À la fin des années quatre-vingt-dix, le secrétariat central d'Helvetas décide de renoncer à être une structure d'exécution technique des projets pour regagner son assise populaire. Cela se traduit, sur le terrain, par un désinvestissement vis-à-vis des grands et coûteux projets et par un rapprochement progressif vers des formes d'actions visant à renforcer l'appui technique aux populations.
Dans l'histoire d'Helvetas et de ses projets que Doumbia retrace, il est intéressant de retenir le passage qui décrit le moment où Helvetas arrête de construire elle-même des forages et commence à s'occuper de la formation et de l'appui technique auprès de la population en matière d'information et d'entretien de ces forages :

> « *Ça, c'était dans les années 1996, on parlait de participation... Entretemps, la mission aussi d'Helvetas et la politique nationale ont changé. Car*

avant, Helvetas avait ses dispositifs pour faire le forage et entretemps, il y a eu une redéfinition, avec les différentes restructurations des missions de l'État. On est arrivés à un moment où l'État définit la politique, essaie d'assurer un peu le suivi de la mise en œuvre, mais les réalisations sont passées au secteur privé. C'est-à-dire que c'est le secteur privé qui va faire. Les études socioéconomiques également sont passées dans les mains des bureaux d'études qui faisaient aussi de l'animation pour faire comprendre aux gens : "Vous avez demandé un forage, voici les responsabilités des uns et des autres, et on vous demande aussi une contribution". Les bureaux faisaient de l'animation dans les villages qui demandaient le forage et on récoltait les contributions et on les versait à Helvetas. Ensuite, il y avait une entreprise pour faire le forage à tous les villages qui avaient rempli les conditions. Au début, c'était à Helvetas de proposer. Après, c'étaient les villages qui demandaient d'en faire partie, et Helvetas faisait des animations pour montrer comment la chose allait se passer, pour la réalisation et l'entretien... » (Entretien avec Moussa Doumbia, Helvetas.)

Ce passage est intéressant dans la mesure où il met en évidence cette procédure basée sur le passage entre la « gratuité » originelle d'une intervention et sa « vente » ultérieure. La gratuité semble être un élément intrinsèque au développement, puisqu'elle permet d'introduire un besoin, quand il n'est pas encore perçu comme tel. Mais une fois construit l'accord sur sa nécessité, la vente prend la place du don.

En 1991, des manifestations étudiantes mettent fin au gouvernement constitutionnel du parti unique l'« Union

démocratique du peuple malien ». La chute de la IIe République permet à Helvetas de gagner une meilleure liberté d'action sur le terrain.
Ce sont les années où le Mali entame son projet politique de décentralisation[4] et Helvetas, loin d'être la structure très technique d'autrefois, peut se permettre de s'engager dans ce type d'action sans doute plus politique. Une décision dictée aussi par les nécessités et les « limites » du terrain :

> « *Notre appui avait aussi des limites, parce que souvent, quand tu veux appuyer des gens techniquement, s'il n'y a pas la possibilité de leur donner les outils de travail, ou un environnement aménagé pour qu'ils puissent réaliser ces activités-là, ça devient difficile, bon... on est rapidement bloqués* ». (Entretien avec Moussa Doumbia, Helvetas).

C'est ainsi que naît le PDRD (Programme Développement Rural et Décentralisation) où coexistent des formes d'appui aux associations de producteurs et des formes d'appui à la décentralisation.
Dans son action, Helvetas s'aperçoit des différentes identités et des statuts sommairement fondus dans l'expression *populations locales*. C'est pourquoi elle commence à réfléchir sur la nécessité de différencier ses programmes. Helvetas crée ainsi un programme d'appui aux initiatives des producteurs et c'est à ce moment-là qu'elle constate les difficultés à collaborer avec de petites ONG locales et leur pénurie de moyens :

> « *Quand on a mis le dispositif en place, on a rapidement compris que c'était difficile d'appuyer les*

[4] La décentralisation consiste en la transmission de compétences et de moyens étatiques aux communautés locales.

> *producteurs et les collectivités dans le même programme tout de suite, parce que les collectivités n'avaient pas encore atteint le niveau de fonctionnement leur permettant de travailler efficacement. Les besoins dans la décentralisation étaient énormes, parce qu'il fallait non seulement appuyer les futures communes, mais aussi accompagner le processus de décentralisation.*
> *C'est à ce moment qu'on a séparé les deux programmes : le volet appui au monde rural est devenu PAIP (Programme d'appui aux initiatives des producteurs) et le volet décentralisation, appui aux collectivités aux processus de décentralisation, qui est devenu ce qu'on appelle le PAD, Programme d'appui à la décentralisation* » (Entretien avec Moussa Doumbia, Helvetas.)

À partir de 1991, Helvetas décide donc d'assumer un rôle clé dans les pratiques d'accompagnement à la décentralisation. Cette décision manifeste la volonté de l'ONG de s'engager davantage dans des questions d'ordre politique, mais elle témoigne aussi d'une nouvelle vision du développement qui a mûri à partir de ses expériences de terrain.

De façon totalement inédite par rapport à la démarche privilégiée par la plupart des autres ONG, Helvetas décide de travailler pour et avec les acteurs étatiques. Elle choisit de prendre en charge non seulement la construction de la société, mais aussi celle de l'État. Elle dépasse, poussée par la pratique, la dichotomie société/État que certaines théories encouragent et que beaucoup d'ONG mettent en place.

Le terrain avait démontré les lacunes d'un partenariat exclusif avec les petites ONG locales. La volonté d'un développement capable de *durer* rend cette décision inévitable. Le but d'Helvetas n'est plus d'exporter le développement par le biais de grandes interventions hautement expertisées, mais de construire une correspondance entre des prestations plus modestes et leur *environnement*, pour qu'elles puissent créer un contexte propice pour se consolider et grandir. Ce faisant, elle apporte, encore une fois, la démonstration du type de développement qu'elle veut produire : un développement durable.

En 2008, les deux programmes avaient encore évolué. Le PAIP avait été transformé en ProFil, Promotion de filières, et le PAD avait pris un autre A, devenant PAAD, Programme d'appui aux acteurs de la décentralisation, pour exprimer la volonté de prendre en considération les acteurs dans leurs spécificités et de les accompagner dans les enjeux où ils étaient impliqués. Ainsi Sekou Diarra, au cours d'un entretien, s'exprime une nouvelle fois sur les initiatives lancées par le PAAD :

> « *Ce qui peut être une valeur ajoutée, dans ce qu'ils appellent APEL, c'est cette contribution-là d'amener les élus locaux à se dire qu'une partie de notre travail, c'est surtout : comment favoriser l'émergence des cadres politiques et institutionnels ? À travers quel cadre une certaine diversité et durabilité du développement peuvent se construire ? À travers quel cadre il pourra y avoir un dialogue pour revoir les lois qui empêchent une certaine durabilité ?* » (Entretien avec Sekou Diarra, Helvetas.)

Au moment où je m'apprêtais à quitter mon terrain, le programme sur la décentralisation allait subir une autre transformation. Sous l'impulsion de Moussa Doumbia, il allait devenir APEL, Appui à la promotion des économies locales.

Déjà, à partir de ces quelques mutations dans les programmes d'Helvetas, l'on peut remarquer les caractéristiques d'une certaine plasticité et d'une certaine souplesse. Bien que les directives proviennent toutes du centre de Zurich, au fur et à mesure de leur mise en œuvre, elles se transforment en fonction des réalités du terrain qui s'imposent de façon inéluctable. Helvetas Mali ne peut que s'adapter aux nécessités qu'elle rencontre dans l'application concrète des projets.
Ainsi, il arrive souvent qu'un programme soit complètement transformé à la fin de son application. La direction suisse peut alors décider de le changer, de le retirer ou de le valider, et les rapports finaux des programmes porteront les traces du terrain qu'ils ont traversé.
La raison se trouve non seulement dans le fait que les programmes ont un cycle de vie plus long que celui d'un projet, mais aussi dans la démarche spécifique d'Helvetas qui appelle *« résultats »* ce qui, dans le langage du développement, était autrefois indiqué comme « les limites des terrains ». Ainsi, elle neutralise toute acception négative, mais elle défend aussi ces résultats comme des évidences, et sur ces évidences, elle construira la prochaine étape.
Dans le cas de la coopération internationale publique, on avait jusque-là tendance à considérer ces limites d'application comme les signes tangibles de la faillite des projets. Les anthropologues les considéraient comme des résistances culturelles à analyser. En revanche, Helvetas Mali les prend comme des faits et les transforme en points de départ pour la phase suivante du projet. Le programme Coton biologique et équitable offrira l'occasion de mieux saisir ces dynamiques.
Sur le terrain, la rigidité des programmes élaborés en Suisse devient une occasion à saisir. Ainsi Sekou Diarra parle du développement comme d'une question très complexe :

> « *Le développement doit être modeste, c'est une question très complexe, ça demande beaucoup de modestie même dans les évaluations, dans les réflexions, les gens parfois sont trop négatifs, mais il faut creuser, il y a des choses qui ne sont pas aussi négatives, il y a plein de facteurs, il n'y a pas un seul paramètre.* »

Par la suite, il ira jusqu'à qualifier de *« créatif »* et d'*« imaginatif »* le travail de Moussa Doumbia et de son équipe de la PAAD :

> « *Ils ont saisi l'opportunité de la décentralisation pour être plus créatifs, imaginatifs. C'est une valeur qu'il faut reconnaître dans leur travail.*
> *Moussa, il veut changer le PAAD en APEL, il souhaite mettre l'accent sur les économies locales comme support pour le développement local. Travailler de plus en plus sur la construction des cadres institutionnels et politiques pour pouvoir faciliter le développement. Il veut beaucoup parler de ça.* »

À plusieurs reprises pendant nos conversations, Sekou Diarra soulignera :

> « *Derrière chaque acte que les uns et les autres osent, les acteurs en conflit peuvent aller à des interprétations qui permettent de faire évoluer les choses.* »

Le programme ProFil, Programme d'appui aux filières agricoles, représentait à l'époque de mon étude de terrain un important secteur d'intervention d'Helvetas, car la majorité de la population malienne vit d'agriculture. Il

s'agissait d'assurer les connexions entre les différents membres de la chaîne de production pour que les produits puissent être commercialisés le plus largement possible.
Commencé en 2003, le programme ProFil soutient les acteurs maliens pour la production de mangues et de bananes, jusqu'à l'exportation. Puis Helvetas Mali a commencé à appuyer la culture des légumes et du riz.
Parmi les programmes d'Helvetas, l'on trouve aussi le PréGesCo. Il s'agit d'un programme d'appui à la Prévention et gestion des conflits. Il est présenté comme le stade ultime pour résoudre des conflits et des tensions qu'Helvetas définit comme trop complexes pour que la décentralisation et la démocratisation puissent, à elles seules, les résoudre.
Ce programme se concrétise par des actions pour la promotion des formes de coopération locale ou interrégionale dans le domaine du passage des troupeaux, ou encore de la construction d'adduction d'eau pour les bergers afin d'éviter les conflits autour de cette ressource, ou autres querelles entre les paysans sédentaires et les bergers nomades.
De cette manière, Helvetas trouve non seulement la façon de réaffirmer le lien entre paix et démocratie, mais elle introduit une nouvelle relation entre les risques de conflits, la pénurie des ressources et les différents modes de vie.
De plus, à Bamako, Helvetas soutient une école pour la photographie par le biais d'un programme spécifique, le « PAIC », Programme d'appui aux initiatives culturelles.
Ce sont les principaux volets de l'action d'Helvetas au Mali calqués sur les quatre secteurs prioritaires fixés par l'ONG suisse : infrastructures et milieu rural, gestion durable des ressources naturelles, État et société civile, formation et culture.

CHAPITRE IV

LE PROGRAMME COTON BIO-ÉQUITABLE D'HELVETAS MALI

> « *Le programme de promotion du coton biologique d'Helvetas est né de la volonté du secrétariat d'État au commerce en Suisse de tisser des liens entre producteurs maliens, distributeurs et consommateurs finaux en Suisse.* »

C'est par ces mots que Franck Merceron, chef du programme Helvetas de promotion du coton biologique au Mali, décrit l'origine du projet Coton biologique.

Pour faire face à une demande internationale de coton biologique de plus en plus importante, Helvetas décide de lancer ce projet dans le but de rechercher de nouvelles opportunités pour les producteurs maliens.

En fait, le Mali se positionne comme l'un des premiers producteurs de coton en Afrique. Le coton est le deuxième produit d'exportation, il est la source de revenus la plus importante pour les paysans.

Cependant, à partir de la fin des années quatre-vingt-dix, la filière de coton conventionnelle, organisée autour de la CMDT (Compagnie malienne de développement des textiles) et des associations paysannes, traverse une forte crise liée notamment à la morosité des prix sur le marché.

Le lancement de la filière biologique se réalise ainsi au croisement de deux événements contingents déterminés par des dynamiques à la fois internes et externes au Mali. D'un côté, la crise du coton conventionnel, de l'autre, l'explosion de la demande de coton biologique sur le marché international.

La mise en place du programme commence en 1998 par une étude de faisabilité menée dans la région de Bougouni, au sud du Mali, afin d'évaluer les chances de réussite de la production de coton biologique. Ensuite, une phase d'expérimentation paysanne de trois ans est entamée, en 1999, avec la participation de producteurs volontaires des zones de Yanfolila et Kolondiéba. Le programme est subdivisé en trois phases d'exécution : 2002-2005, 2006-2008 et 2009-2010.

À partir de 2004, en plus du label « bio », le coton reçoit la certification « équitable ». Les normes de certification pour le label équitable sont fixées par l'agence FLO, Fairtrade Labelling Organisation, qui exécute également la certification mandatée par les organisations nationales Max Havelaar.

En revanche, la certification biologique est assurée par ECOCERT pour le coton, le sésame et le karité. En fait, tout produit commercialisé en Europe sous le label « bio » est soumis aux normes de la certification de l'Union européenne et doit être inspecté par une agence indépendante agréée par l'UE.

Lors des deux premières campagnes en 2002 et 2003, les producteurs de coton biologique, regroupés en onze coopératives locales, ont vendu le coton graines à la CMDT à un prix majoré de 20 % par rapport à celui du coton conventionnel.

La CMDT, de son côté, a vendu au commerçant suisse Reinhart la fibre certifiée biologique qui a été transformée par les industries textiles indiennes Prem Durai et distribuée sur le marché suisse par Migros et Switcher.

Les premiers produits textiles issus de la production biologique du Mali ont été lancés en Suisse en 2003. Migros, l'un des deux partenaires commerciaux, lance des pyjamas pour hommes et enfants pour Noël 2003, tandis que Switcher, en collaboration avec les magasins de commerce équitable d'Helvetas, lance des tee-shirts biologiques.

Le programme de promotion du coton biologique au Mali prévoyait également qu'une partie du coton biologique et équitable soit transformée directement dans le pays. Dans une première phase, Helvetas décide de soutenir l'atelier *Kasobané* de Boubacar Doumbia, où l'on colore les produits de tissage traditionnel de Ségou avec la technique du *bogolan*. Pour produire ce tissu traditionnel, une partie du coton est filé à la main, et l'autre, dans l'établissement de la FITINA situé non loin de Bamako et destiné à une vie brève.

Ensuite, les produits sont vendus dans les magasins de commerce équitable qu'Helvetas a ouverts en Suisse.

Dans le même temps, grâce à un partenariat avec le canton suisse de Bâle, le Musée national de Bamako opère un important renouvellement et Helvetas édite une série de cartes représentant quelques-unes des étoffes traditionnelles exposées. Helvetas offre alors 15 000 cartes au musée pour la vente, dans le souci « *que les traditions soient préservées et transmises... qu'elles vivent et qu'elles s'adaptent au contexte moderne* ». (Helvetas, 2004 : 30.)

Le textile artisanal en coton biologique devient ainsi un volet spécifique du programme Coton biologique d'Helvetas :

> « *Helvetas vise aussi à sensibiliser la population suisse sur les richesses culturelles des pays du Sud et à encourager des relations commerciales équitables. Nous voulons aussi favoriser la vente d'artisanat pour maintenir les savoir-faire traditionnels et permettre aux petits producteurs de bénéficier de revenus stables* ». (Helvetas, 2004 : 30.)

Tel était, à l'origine, le programme Coton biologique envisagé par Helvetas.

Mais de petites contradictions apparaissent déjà. Si d'un côté Helvetas se montre critique à l'égard de la mondialisation qui défavorise les producteurs africains, de l'autre, elle est contrainte de s'y soumettre lorsqu'elle est obligée de faire tisser le fil malien en Inde, à cause de l'absence de grandes usines de filature au Mali.
De la même manière, avec le programme d'Helvetas, on voit l'histoire se répéter. Le coton, bien que biologique, est encore une fois conçu comme matière première à exporter vers un marché international caractérisé par des exigences, telles que les normes biologiques ou équitables, qui, assurément, ne figurent pas parmi les premières préoccupations des producteurs maliens.
Helvetas parvient cependant à dépasser cette contradiction en faisant du coton biologique une alternative forte pour les paysans maliens. Car dans les mêmes années, le secteur du coton conventionnel est frappé par une crise grave.
À Bougouni, je croise Nicolay Gian, agronome et sociologue. Il fut l'un des premiers opérateurs à travailler au Mali quand Helvetas démarra ses activités avec des projets de micro barrages.
Présent au Mali à l'occasion d'un voyage pour le plaisir, il avait décidé de passer « chez lui », à Bougouni, pour saluer tous ceux avec lesquels il avait travaillé. Et c'est lui qui me confirme :

> « *Tobias Meier, responsable Fairtrade, m'a contacté pour savoir s'il était possible de trouver et d'appuyer des producteurs de coton qui seraient intéressés par la production de coton organique, parce qu'il y avait une grande demande de coton en Suisse. Alors, il connaissait le problème de la CMDT, surendettement, pesticides, coton produit au détriment de la sécurité alimentaire.*

On a pensé qu'avec le coton organique, on aurait pu améliorer les aspects économiques et environnementaux, pour que les paysans dépensent moins pour les intrants et qu'ils remplacent les pesticides par les savoir-faire.
On disait, les premières trois/quatre années, que les rendements allaient être plus bas, mais qu'après, le système s'adapterait et qu'il y aurait un meilleur prix pour le coton et que ça récompensait plus... »

Devant l'énorme contradiction qui voit le Mali exporter 97 % de son coton, alors que ses tisserands sont obligés d'importer du fil parce que moins cher que celui de leur propre pays, Helvetas décide de s'investir dans l'appui aux artisans travaillant dans le textile. En réalité, il s'agit d'un choix contraint, toute transformation industrielle étant inexistante au Mali. D'ailleurs, si Helvetas mise sur le textile biologique, c'est parce que de l'autre côté, en Suisse, elle connaît le succès des produits artisanaux vendus dans ses boutiques de commerce équitable.
Dès le lancement du projet, ce qui semble faire la spécificité de l'action d'Helvetas, c'est précisément cet équilibre entre les nécessités internes du pays dans lequel elle opère, et les exigences de l'extérieur liées au marché international ou aux attentes de l'opinion publique.
L'activité principale dans laquelle Helvetas s'investit est justement cette constante quête d'équilibre entre l'intérieur et l'extérieur. Elle peut se consacrer à cet exercice grâce à la position qu'elle occupe en tant que grande ONG internationale qui l'amène à *être entre* l'un et l'autre, à *être sur le seuil* de l'un et l'autre.

La première modification importante qu'Helvetas devra apporter à ce projet Coton biologique pour l'adapter aux besoins spécifiques du Mali consiste en la création d'une

organisation faîtière particulière pour rassembler toutes les coopératives de producteurs de coton bio-équitable. Elle s'appellera le Mobiom : le Mouvement biologique malien.
En fait, quand Helvetas décide de lancer son projet, c'est la CMDT (Compagnie malienne de développement des textiles) qui détient le monopole du secteur coton. Il s'agit d'une société d'économie mixte dont le capital est détenu à 60 % par l'État malien, et à 40 % par le partenaire français DAGRIS (Développement des agro-industries du Sud), qui est le prolongement de l'ex-Compagnie française pour le développement des textiles (CFDT).
La CFDT est créée au lendemain de la Seconde Guerre mondiale. Elle est chargée de la promotion de la production du coton et du développement local des zones cotonnières.
Elle s'occupe de l'encadrement de la culture du coton, notamment par la vulgarisation des engrais et des produits phytosanitaires et par la diffusion de la culture attelée. À cette époque, et jusqu'en 1989, les producteurs peuvent s'équiper en attelages et en intrants, grâce à des prêts sans intérêts et remboursés grâce aux recettes de la production de coton.
La CFDT est surtout chargée de la commercialisation du coton : le colonisateur, par son intermédiaire, achète le coton aux producteurs indigènes. Au départ, les chefs de canton sont les intermédiaires entre les paysans et la CFDT. Après la vente, toutes les recettes sont versées aux chefs de canton qui, à leur tour, chargent les chefs de village de la distribution.
En 1975, le Mali transforme la CFTD en CMDT qui développe progressivement une approche de développement intégré de la filière cotonnière. Elle a des fonctions industrielles et commerciales (achat, collecte, égrainage, commercialisation, transport), mais aussi des activités liées à la production cotonnière en amont (encadrement techni-

que, approvisionnement en intrants et équipement, accès au crédit). Elle développe également toute une série d'activités non marchandes telles que l'alphabétisation fonctionnelle, l'entretien des pistes rurales, l'appui aux artisans ruraux, l'aménagement des espaces sylvo-pastoraux.
Cependant, à l'intérieur de ces énormes structures, la voix des producteurs ne trouve pas suffisamment d'écoute. C'est seulement dans les années 2000 que l'on commence à réfléchir au « *renforcement des capacités des producteurs* » pour résoudre les problèmes. Il faudra attendre 2001 pour voir apparaître, au Mali, la première loi organisant les sociétés coopératives. Cette loi permettra la création des Coopératives de producteurs de coton (CPC) (Sanogo, 1989).

Dans la première phase du programme, quand il s'agissait de ne produire que du coton biologique, devant la réticence de la CMDT, Helvetas se servait des prestations des agents agricoles de la SETADE, Société d'étude et d'assistance pour le développement, pour l'encadrement de la CMDT.
À partir de 2004, lorsqu'il s'est agi d'adhérer au Commerce équitable, le Mobiom prend forme et il devient vraiment actif. La même année, il reçoit la première certification équitable et, depuis novembre 2005, il se dote d'un nouveau statut et de nouveaux règlements.
Conformément aux dispositions de la loi n° 04/38 du 5 août 2005 de la République du Mali, le Mobiom s'affirme comme une association à but non lucratif, non confessionnelle et apolitique. Sa mission est de *« promouvoir l'agriculture biologique au Mali et augmenter les revenus de ses membres à travers des partenariats équitables et durables ».*

Il est important de souligner que ce sont les agents de la SETADE qui composent l'appareil administratif du Mobiom, y compris son directeur.
Ainsi, ce qui dans la production biologique pouvait suffire en tant qu'expertise technique nécessite, pour le commerce équitable, de se transformer en une structure associative respectueuse de ses principes démocratiques.
Entretemps, la CMDT a commencé à montrer de discrets signes d'ouverture vers l'agriculture biologique. Elle prête ses agents techniques au Mobiom, qui s'affirme de plus en plus comme un partenaire autonome et indépendant.
Le Mobiom, organisation faîtière des producteurs de coton biologique, installe son siège à Bougouni. Il prend progressivement la responsabilité du suivi de la production, de l'appui technique aux producteurs et productrices, et il s'implique dans la mise en place d'une plateforme interprofessionnelle qui s'occupera de la gestion de la filière.
Dans le récit que Nicolay Gian, fondateur avec Daniel Valenghi de la filière biologique au Mali, nous livre à propos du début du programme d'Helvetas, apparaît déjà l'idée d'utiliser le projet pour que :

> « *Les paysans soient obligés de mieux s'organiser entre eux, et s'émanciper un peu de la CMDT, et se renforcer contre eux...* »

L'autonomisation et la responsabilisation du Mobiom ne deviendront primordiales qu'à partir de la deuxième phase du programme. Le transfert des responsabilités d'Helvetas au Mobiom sera l'une des principales raisons pour lesquelles Oxfam Grande-Bretagne décidera de soutenir et d'appuyer le programme Coton bio-équitable d'Helvetas.
Le directeur du Programme coton d'Oxfam Grande-Bretagne au Mali, Abdoulaye Dia, affirme ouvertement :

« Depuis que le Mobiom a élaboré son plan d'autonomisation ça va, c'était une des conditionnalités du financement du plan coton : qu'il y ait un plan d'autonomisation pour le Mobiom.
Parce qu'Helvetas pensait que c'était un peu tôt pour le Mobiom pour assumer certaines fonctions, mais la vision d'Oxfam, c'était d'appuyer quand même le Mobiom, appuyer à y aller... Ce n'est pas Oxfam qui fait quelque chose, c'est Helvetas qui appuie le Mobiom techniquement et qui a travaillé avec eux pour leur autonomisation. Nous apportons juste un appui financier.
Selon le programme, les deux premières années étaient le temps pour que le Mobiom développe ses propres capacités. Parce que sur un point, Helvetas avait raison : le fait que le Mobiom n'avait pas assez de capacités la première année pour gérer certains financements. Maintenant, avec la mise en œuvre du plan d'autonomisation, aujourd'hui, le Mobiom arrive à assurer certaines activités, les commandes et les signatures de contrats de vente. En 2009, une partie du financement va être destinée au Mobiom et il y aura des financements qui continueront à aller à Helvetas pour l'appui qu'elle va faire au Mobiom.

Aujourd'hui, nous finançons la mise en place de simples compétences, la mise en place du centre marketing, une partie de l'appui va au directeur marketing, une partie à l'autonomie financière du Mobiom, car dans le plan, il doit arriver à être autonome et assumer ses fonctionnements, la mise en place de ceux qui font les certifications... ».

Le directeur du programme Coton bio-équitable d'Helvetas fait référence aux contingences historiques qui, au Mali, ont conduit à la nécessité de créer le Mobiom. Au Burkina, par exemple, et dans cette période, le fonctionnement de la filière bio-équitable est géré par la puissante UNPCB, l'Union des producteurs de coton burkinabés.

> « *Par rapport au Burkina où il y avait l'UNPCB, au Mali on a dû créer une structure exprès pour cela... Tout dépend de l'historique au moment de l'introduction du coton bio. S'il est proposé dans un pays où les producteurs de coton conventionnel sont bien organisés, ils prennent en charge aussi le coton bio, mais au Mali, l'association des producteurs de coton conventionnel est née après le Mobiom, l'UPCB est née bien après le programme Coton bio. Ici, il y avait un vide, il y avait quatre syndicats de producteurs conventionnels au Mali et il n'y avait pas encore cette formalisation conventionnelle qui était la seule représentante officielle du coton : il n'y avait pas ça.*
>
> *Aujourd'hui, c'est corrigé parce que le Mobiom aussi est membre de l'union et que l'union a officiellement désigné le Mobiom comme la structure qui doit officiellement parler en son nom dans le domaine du coton bio.*
> *On est dans la même situation qu'au Burkina, mais on est arrivés différemment.*
> *L'Union est née ici l'année passée, en 2008.*
> *Donc le Mobiom est né au moment de l'introduction du programme, comme au Sénégal...* »

La création du Mobiom est donc liée au vide institutionnel créé par le manque de syndicats ou de solides organisations de producteurs. Cependant, le processus qui porte à la naissance du Mobiom n'est pas du tout de type démocratique.

À Bougouni, dans la case réservée aux visiteurs de passage d'Helvetas, je rencontre Diakité, évaluateur du programme ASP-eau (programme d'Appui au secteur privé de l'eau et de l'assainissement). Il s'agit d'une ancienne connaissance d'Helvetas, puisqu'il a participé aux travaux qui ont conduit à la naissance du Mobiom. C'est lui qui me retrace l'historique du Mobiom :

> « *Le Mobiom, c'est une structure qui a été créée sur l'initiative de plusieurs structures, des individus aux profils variés et aux statuts variés, ce qui donne une structure et une composition assez hybride. Malgré toutes ces faiblesses, Helvetas a pris le risque de travailler avec ces structures tout en étant consciente que ces structures, malgré les défaillances, peuvent quand même être porteuses du développement et de la promotion de l'agriculture biologique de manière générale au Mali. C'est dans ce sens que, en 2005, il y a eu une profonde restructuration qui a mis toutes les insuffisances à nu et une des recommandations était d'améliorer la composition du Mobiom : soit il devient une structure faîtière, soit il faut l'appeler différemment. Donc, pour le producteur, il faut vraiment clarifier les choses pour ce qui est du développement et de l'agriculture biologique, c'est soit la CMDT, soit les prestataires qui doivent s'en occuper, mais il faut clarifier tous les rôles et les responsabilités des gens impliqués dans la promotion de la filière. Donc sur ces bases-là, on a mis un conseil d'administration en place, un comité de contrôle en bas, une direction, une agence d'exécution qui a été mise en place avec une forte*

participation des producteurs qui ont participé au recrutement du directeur. »

Quand je lui demande si le directeur du Mobiom a été élu, il me répond par un long *« Nooon »*, suivi de l'explication :

> « *Non, pas par élection, sinon on aurait pu recruter n'importe qui. Il y avait un représentant de l'IR, un de la CMDT, tous les membres du conseil d'administration...* »

Un exemple de la façon dont, dans certains contextes, les nécessités techniques priment les nécessités démocratiques.
C'est un comité technique qui décide de la composition et de la direction du Mobiom et, lorsque je lui pose la question de la légitimité, et de la façon dont le Mobiom compte la construire pour ses producteurs, il répond :

> « *Pour moi, la légitimité du Mobiom, c'est le fait qu'il est en train d'augmenter leur revenu, et ce n'est pas l'idée philosophique que vous, en Occident, vous avez. C'est stratégique, mais il ne faut quand même pas se le cacher : ce n'est pas comme ça, les gens sont là-dedans parce que c'est plus rentable pour eux. Ça, c'est une très grande légitimité...*
> *Aujourd'hui, ce qu'on ne peut pas nier, c'est que le Mobiom est une structure avec une certaine légitimité, tant au niveau des pouvoirs publics qu'au niveau des partenaires techniques et financiers, ce n'est pas Helvetas seulement qui le finance. Maintenant, Oxfam est venue, il y a d'autres partenaires aussi, ça veut dire qu'il y a une reconnaissance de*

sa place et de sa pertinence aussi dans le développement de l'agriculture biologique. »

Plusieurs fois, pendant les réunions entre le Mobiom et Helvetas, j'entends le directeur du Mobiom demander avec une certaine inquiétude comment lui-même peut renforcer sa légitimité auprès des producteurs, qui souvent lui reprochent d'être *« dans les bureaux et pas dans les champs »*.

Les réponses varient et s'appuient parfois sur le nombre de coopératives qu'il représente, et parfois sur leurs intérêts que le Mobiom doit être prêt à défendre.

Au-delà des observations, il faut admettre qu'au plan international, la légitimité du Mobiom est bien réelle, puisqu'il s'agit d'une structure sociopolitique dont les partenaires internationaux (ONG, OI, État) reconnaissent a priori la légitimité, et dont ils recherchent la collaboration.

Sûrement plus difficile, en revanche, est cette même légitimité que le Mobiom doit construire auprès de ses producteurs qui, non seulement ne l'ont pas élu, mais qui ignorent la trame des relations nationales, régionales et internationales dans laquelle le Mobiom est pris.

Ainsi, ils restent souvent étrangers à ses logiques d'action et, souvent, ils ont le sentiment que le Mobiom est loin de défendre leurs intérêts.

Plusieurs fois, j'ai pu noter, chez les producteurs, un manque de confiance plus important à l'égard du Mobiom que d'Helvetas. Ils marquaient un plus grand respect à Helvetas et à ses « Blancs » qu'au Mobiom et à ses Maliens.

Sur le plan international, l'existence du Mobiom ne pose aucun problème. Il est perçu comme incontournable pour des collaborations dans les futurs plans de développement. En revanche, au Mali, ses difficultés sont plus importantes.

Comme Helvetas, le Mobiom habite sur un seuil. Il est pris dans un entre-deux avec, d'un côté, les partenaires internationaux et leurs règles, et de l'autre, les producteurs et leurs exigences réelles. La structure du Mobiom, par le biais de ses opérateurs techniques et leurs activités quotidiennes sur le terrain, est profondément ancrée dans le territoire malien. En revanche, sa tête, donc sa direction, est totalement tournée vers l'extérieur, en constante quête de reconnaissance et de collaborations à construire.
Les ONG et les partenaires commerciaux exigent du Mobiom une certaine organisation. Leur regard sur le Mouvement biologique du Mali est *agissant* dans le sens qu'il arrive à le façonner selon les attentes. Et lorsque le Mobiom se plie à ce qu'ils attendent, c'est par intérêt stratégique pour ses producteurs.
Cependant, les producteurs ne comprennent pas ces attitudes, et ils sont d'autant moins disposés à les accepter que les agents du Mobiom sont des Maliens, comme eux. Les producteurs sont prêts à excuser certaines idées ou conduites des Blancs d'Helvetas qui les aident depuis plus de trente ans. Ils ont l'habitude de ces idées étranges venues d'ailleurs. En revanche, ils ne sont pas pour autant enclins à reconnaître la légitimité des agents du Mobiom, souvent plus jeunes qu'eux ou appartenant à une ethnie moins importante que la leur. Ainsi, il peut arriver que les paysans soient moins disposés à suivre les instructions des agents maliens du Mobiom.
Avec les « Blancs », la différence de couleur de peau a, entre autres, la fonction de rendre visible la distance qu'il y a entre eux, les producteurs et l'ONG. En revanche, avec les agents maliens, cette absence de différence induit les paysans dans l'erreur de croire qu'ils font toujours partie de la même famille.
En réalité, depuis quelques années, un réseau énorme traverse les lieux et découpe les gens qui les habitent dans

des carrés de petits mondes frontaliers, mais de plus en plus hétérogènes.

Dans les années suivantes, et après d'autres événements contingents qui conduiront à l'ouverture d'un marché local pour les produits biologiques, Helvetas cherchera un rapprochement entre deux de ses programmes : celui sur l'appui à la décentralisation et celui des filières biologiques.
À cause de la non-compétitivité du coton biologique sur le marché international, Helvetas renforcera l'action du Mobiom dans le cadre de la décentralisation, et pour établir des rapports plus solides entre le Mobiom et les collectivités locales.
Après un long détour, la marche pour la reconnaissance, entamée grâce à la collaboration avec de grandes ONG et des partenaires internationaux, puis renforcée à l'intérieur par un pacte avec l'UN-SCPC (l'Union nationale des sociétés coopératives des producteurs du Mali) et avec l'Aproca (l'Association des producteurs africains de coton), se conclut à Bougouni et dans les communes intéressées par les productions biologiques.
Entretemps, le Mobiom a déjà conquis la confiance et la reconnaissance de ses producteurs par le biais de son président, Moussa Samaké, une figure charismatique, tenue en haute considération par les communautés rurales. Toutes les réunions du Mobiom sont ouvertes par son directeur qui, après avoir souhaité la bienvenue aux participants, passe la parole au président, Moussa Samaké. C'est lui qui prononce le discours d'ouverture en bambara, c'est lui aussi qui assure les bénédictions pour que tout se passe bien. D'allure austère, les mots toujours mesurés, il utilise un langage direct et figuré qui ne laisse pas de place au doute. Sa grande taille, ses gestes, le ton de sa voix créent toujours un grand silence autour de lui. Il est un leader,

c'est évident, il en a toutes les caractéristiques. Il ne parle pas français et il n'a pas l'air de le regretter. Au contraire, à travers son bambara, il semble vouloir aussi marquer une distance. Une distance recherchée, une manière de souligner et d'affirmer la primauté des intérêts de la communauté qu'il défend.
L'exercice de son autorité à la fois sur les producteurs et sur le Mobiom est, en revanche, beaucoup moins évidente. L'unique qualité que tout le monde me répète en parlant de lui est : « *Il est un très grand producteur* ».

Le cas du coton bio-équitable du Mali nous éclaire sur l'impossibilité de faire abstraction du marché du coton conventionnel et de considérer le coton biologique et équitable comme capable de créer et d'entretenir à lui seul un système alternatif.
En fait, le type de relation qui existe entre les deux systèmes est plutôt d'ordre complémentaire. Ainsi, si le coton bio-équitable a pu s'affirmer dans le sud du Mali, c'est à cause de la crise qui a frappé parallèlement le secteur du coton conventionnel et de l'augmentation des prix des pesticides, principaux responsables de l'endettement des producteurs.
Cependant, la crise du secteur conventionnel a aussi des retombées négatives lorsque, à la suite d'une augmentation des coûts fixes de la production qui sont les mêmes pour le coton bio-équitable que pour le coton conventionnel, elle provoque l'augmentation générale du prix du coton des deux filières. Même discours pour ce qui concerne la crise de la CMDT et les effets négatifs liés à son futur incertain.
Mais surtout, l'augmentation du prix du coton bio-équitable du Mali et la réaction de ses partenaires, ainsi que la recherche de marchés moins chers, éliminent tous les

doutes sur l'indépendance présumée du commerce équitable vis-à-vis des lois du marché de type libéral.
Devant l'augmentation des prix, les partenaires économiques ne respectent pas leurs engagements, et ils se tournent vers des marchés plus rentables pour eux. L'augmentation progressive de l'offre mondiale de coton bio-équitable ne laisse pas trop d'espoir pour la suite.
Il s'agit donc de questions relevant de lois qui règlent de façon globale le commerce international. À ces questions, il faut aussi ajouter une série de problèmes concernant le Mali en particulier. Mais conjoncture globale et difficultés locales ne restent pas séparées par deux niveaux différents. Au contraire, elles exercent des actions l'une sur l'autre, et ce qui en résulte est la position défavorisée que le Mali continue à occuper sur le marché international.
Les difficultés internes et les problèmes structurels de l'organisation du secteur coton au Mali deviennent un écueil quand elles entrent en compétition avec d'autres systèmes et d'autres pays beaucoup mieux organisés.
C'est bien ce qui maintient en vie et assure tout le succès du système néolibéral que le fait d'utiliser et d'exacerber les différences existant parmi les pays. Comme le soulignait Abdoulaye Dia, le directeur du Programme coton d'Oxfam Grande-Bretagne au Mali, c'est la réduction des distances qui a causé le problème :

> « *Tant que le petit producteur était isolé dans son petit coin il pouvait suivre son processus, mais...on n'a plus ce temps-là pour dire "Ok, petit à petit, on se mettra à niveau et quand on sera au niveau, on pourra entrer dans la compétition". Ce temps de mise à niveau on ne l'a plus, parce qu'on est ensemble de gré ou de force, on est dans le même jeu.*
> *Tu ne rends pas la quantité de bio qui t'a été demandée ? On te laisse, on va s'approvisionner en*

Inde. On est tous dans le même village, on a éliminé les distances. On nous a mis tous dans le même village, tu as ta boutique à côté de celle de l'Inde, lorsque nous sommes tous à des niveaux très différents.
On concourt à armes inégales, c'est vrai qu'il n'y a plus de temps, mais si tu ne règles pas cette question de niveau, tu seras toujours le dernier de la classe.
Il n'y a pas à chercher midi à 14 heures... »

Les individus qui travaillent dans les organisations internationales sont bien conscients de ce genre de questions. La position frontalière entre les pays dans lesquels ils travaillent et le contexte international dont ils suivent constamment les évolutions favorisent cette conscience. Ils se trouvent entre les deux, et un strabisme professionnel caractérise leur regard qui les porte à tenir constamment sous contrôle les deux réalités locale et internationale. Ils occupent une position stratégique. Les moyens de communication et les échanges permanents avec leur siège européen ou avec les autres partenaires commerciaux les ramènent à chaque moment dans un contexte qui est loin de celui où leurs corps, concrètement, agissent au quotidien. La plupart des décisions sont justement le résultat d'un acte de recomposition entre les attentes internationales et les capacités locales effectives.
Ils ne décident pas seulement par rapport au local et à ses nécessités internes, ils décident aussi sur la base de ce que ce local peut arriver à faire et à la position qu'il peut assumer dans le contexte international. De la même manière, ils réagissent aux demandes et aux attentes internationales, tout en sachant qu'il existe des limites d'applicabilité de ces projets. C'est comme si cette position d'interface qu'ils occupent entre le dedans et le dehors leur permettait de suivre l'étirement de ces différents locaux qui sont ap-

pelés à dépasser les frontières nationales pour rejoindre la toile globale[5]. Mais surtout, ils surveillent constamment cet étirement pour en anticiper une possible rupture.

C'est dans cette logique qu'il faudrait considérer comme importantes les variations qu'Helvetas Mali a apportées au programme Coton biologique et équitable pendant sa mise en place.

En fait, bien qu'il ait provoqué une grosse déception, le désengagement soudain des acheteurs de coton bio-équitable et le retard dans le paiement du coton n'ont pas eu de conséquences catastrophiques pour les producteurs, en raison des ajustements et des adaptations qu'Helvetas Mali a su opérer pendant l'application du projet.

[5] Pour reprendre l'image suggérée par Giddens (Giddens, 1990) afin de décrire la globalisation.

CHAPITRE V

DÉVELOPPER POUR GOUVERNER

J'étais dans le bureau du coordinateur du programme Coton bio-équitable d'Helvetas Mali lorsqu'un économiste expert dans le secteur du coton l'interroge sur les possibles retombées négatives, pour la production alimentaire, d'une situation due à une concentration excessive sur la production du coton. La réponse est simple : « *Avec l'argent du coton, les paysans pourront acheter du riz.* » Puis, à la question des dangers d'une aussi forte dépendance des marchés extérieurs qui est la réplique du chercheur, répond le silence.

À l'époque, Helvetas Mali n'avait aucun doute : le marché était en pleine expansion et l'avenir semblait prometteur.

Néanmoins, j'avais observé une grande partie des activités quotidiennes de Bamba, l'opérateur technique du Mobiom. J'avais pu constater les énormes difficultés provenant de la volonté de modifier le rôle des femmes pour les transformer en *« productrices de coton bio-équitable ».* Plusieurs fois, Bamba m'avait avoué que les femmes étaient « *découragées »*, que la tâche était trop difficile pour elles, et que les producteurs *« n'en pouvaient plus de produire du coton ».* C'est Bamba qui me dit, pendant l'un de nos innombrables voyages à moto, qu'il souhaitait travailler avec les femmes, mais dans un autre genre d'activité, par exemple le potager. Et c'est toujours lui qui me fait remarquer *« combien il est difficile de dire la vérité dans un pays pauvre, parce que les gens ne veulent pas entendre des choses différentes de celles auxquelles ils s'attendent déjà ».*

Dans les locaux de la commune de Bougouni, j'assiste à la réunion consacrée au renouvellement du Mobiom. Bamba était absent et pour une raison bien précise : il savait qu'à cette occasion, les producteurs de Sibirila allaient manifester leur mécontentement à propos de l'augmentation du quota à verser au Mobiom. Il s'était éclipsé volontairement. Ce que Bamba ne savait pas, c'est qu'au moment de nos discussions confidentielles, le document ProDoc avait déjà été écrit et qu'il contenait déjà la décision d'Helvetas Mali de transformer le coton bio-équitable en potager bio-équitable.

À partir des mes observations de terrain, j'ai pu constater que la décision d'Helvetas Mali n'était en aucun cas liée à un processus de *bottom up*, ni qu'elle était assimilable à une réponse venant du bas.

C'est là l'un des plus grands paradoxes des ONG : bien qu'elles se chargent de la promotion de la démocratie, elles ne sont pas du tout des structures démocratiques (Agier, 2006).

La raison en est qu'elles sont supposées composer non seulement avec le bas, mais aussi avec le haut, c'est-à-dire avec tout ce qui advient dans l'espace international où elles se positionnent aussi.

Au fil des années, l'augmentation de l'offre de coton bio-équitable sur le marché international, l'entrée en production des pays qui pouvaient produire dans de meilleures conditions et avec des prix plus compétitifs, plus la baisse progressive des rendements du coton à l'hectare enregistrée au Mali, avaient déjà alerté l'ONG sur les risques d'une approche filière, c'est-à-dire sur une monoculture destinée à l'exportation.

Pendant toute la période de l'application du programme, le Mobiom[6] s'était chargé de combiner la production du co-

[6] Dont l'acronyme signifie : *Mouvement pour la promotion de l'agriculture biologique au Mali,* sans aucune référence spécifique au coton.

ton bio-équitable avec celle des cultures de rotation, de façon à pouvoir bénéficier pour elles aussi du label biologique. Ainsi, en l'espace de quelques années, les producteurs des CPCB (Coopératives de producteurs de coton bio-équitable) étaient devenus aussi des producteurs d'arachide, de fonio et de sésame biologique, toujours destinés à l'exportation.
Parallèlement, la formation et l'initiation des producteurs à l'agriculture biologique pour la production du coton avaient permis d'étendre cette technique à la mangue, la banane, la pomme de terre, dont les productions étaient suivies dans le programme ProFil, le programme d'appui aux filières agricoles.

Les interventions d'Helvetas avaient eu pour effet de bouleverser totalement les activités agricoles des producteurs maliens.
L'agriculture biologique avait fini par s'affirmer comme la principale technique agricole destinée à une typologie de plus en plus variée de produits. Et cela, fondamentalement, pour deux raisons essentielles : les propriétés de l'agriculture biologique, et les spécificités des petites exploitations maliennes.
En fait, les contraintes qui régissent la production biologique étaient destinées à s'appliquer aussi à la production des autres cultures exploitées en rotation dans la même parcelle biologique. Le risque de contamination des produits biologiques rendait obligatoire soit une nette séparation des autres produits, soit une reconversion totale. Et la reconversion totale avait été l'alternative encouragée par Helvetas, dans le but de diversifier la production et aussi ses risques.
En même temps, étant donné la nature du système productif agricole de cette zone du Mali fondé sur de petites unités de production construites sur une base familiale, la

production biologique ne pouvait pas rester longtemps séparée de celle des autres produits nécessaires à satisfaire les besoins alimentaires des familles.
En effet, dans ce type de structure agricole, le coton aussi bien que toute autre culture ne forment pas des secteurs spécifiques de production. Ils entrent dans un système de production plus vaste qui inclut toutes les cultures de l'exploitation et qui les combine avec les cultures alimentaires. La plupart des villages du sud du Mali, y compris Sibirila, même s'ils sont partiellement ouverts aux échanges, restent des systèmes d'autosubsistance. Les habitants des Sibirila produisent la nourriture qu'ils consomment.
La création de petites parcelles biologiques, mais aussi d'exploitations entièrement biologiques (ou simplement *naturelles*) se révèlera un choix stratégique fondamental pour Helvetas et pour le Mobiom.
L'efficacité et l'importance de cette option est liée au fait que non seulement toutes ces cultures (le fonio, les arachides, les mangues, les karités, etc.) trouvaient, contrairement au coton, un marché local disponible, mais il s'agissait surtout de produits que les producteurs pouvaient consommer directement pour assurer leur propre *survie*.
Devant les incertitudes du marché international, Helvetas Mali ne pouvait que suivre ses producteurs et ses productrices dans leur préoccupation d'assurer leur propre survivance.

> « *Le chemin qui mène au grenier est toujours plus court que le chemin qui mène au marché.* »

Malheureusement, les événements ne cessent de confirmer toute la validité de ce proverbe bambara, au point qu'Helvetas décide de l'inscrire sur ses cartes de vœux pour l'année 2009. Et là encore, la symbolique est forte.

Car sur ces cartes, l'on évoque un marché encore plus lointain et inaccessible : le marché international.
Cependant, si pour les producteurs il s'agit de se nourrir, pour Helvetas, il s'agit d'assurer ce qu'elle appelle l' « *autosuffisance alimentaire* » et de construire un équilibre entre les producteurs et leur environnement. Cet équilibre doit d'abord être interprété comme une *technique de gouvernement* (Foucault, 2004) à partir du moment où l'hypothèse de sa rupture est identifiée au désordre et à la menace de conflit.
Ainsi, assurer la durabilité du coton bio-équitable signifie le transformer totalement, pour que l'unique chose durable soit la protection de la vie des producteurs et donc de *l'ordre global*.

Car le commerce équitable, « *ça reste du commerce d'abord* ». C'est ainsi qu'Anne-Sophie Gindroz, la directrice d'Helvetas Mali, explique les raisons qui ont poussé Helvetas à laisser de côté le commerce équitable.

> « *Le Mali est mis en compétition avec d'autres pays, même si c'est équitable, ça reste du commerce ! Donc si tu n'es pas compétitif, tu as beau dire que oui, tu travailles avec les petits producteurs, on n'a pas mis de limites dans le commerce équitable... On devrait travailler avec les plus pauvres parmi les plus pauvres, les paysans qui sont isolés, qui ont des petites parcelles et pas beaucoup de moyens. Mais travailler comme ça pourrait revenir toujours plus cher, tu ne peux pas évacuer de la même façon, c'est trop coûteux d'aller récolter dans des zones isolées... C'est plus rentable de travailler avec des producteurs qui sont plus près des routes, qui ont des grandes parcelles, etc. Ça reste du commerce d'abord, qu'on le veuille ou pas.*

Et avec la crise, tout ça s'est beaucoup exacerbé. Avec la crise, on s'est rendu compte que tout ce discours qu'on tenait sur le marché, on travaille avec des partenaires commerciaux qui ont une éthique, qui y croient, qui s'engagent... bon, c'est vrai, mais c'est du commerce. Donc à partir du moment où ces partenaires ont eux-mêmes des difficultés, des problèmes à cause de la crise financière ou autre, on voit que c'est fragile... »

Ensuite, on a fait toute une réflexion à l'interne qui avait commencé avec déjà les filières mangue, parce que c'était très compliqué sur la mangue fraîche avec les questions de l'export et toute la démarche filière. On a dit bon, la filière c'est bon, mais il faut s'intéresser aussi à l'exploitation rurale en elle-même, on s'intéresse juste à une production comme la mangue, ou le coton, mais il faut voir aussi comment ces productions s'inscrivent dans le cadre de l'exploitation elle-même. Tout cet investissement qu'on a fait pour le bio, pour la qualité, il faut faire profiter aussi à d'autres cultures qui sont des cultures vivrières. Il y a eu des problèmes de plus en plus graves de sécurité alimentaire, des choses comme ça qui nous ont incités à réfléchir à tout ça et quand on a dû reformuler un nouveau document de programme, on a dit c'est l'occasion de proposer autre chose, on ne s'est pas arrêtés complètement et on s'est dit « Ok, on est guidé par le marché », mais on a dit, « ce n'est pas que le marché, et ce n'est pas que le marché international, c'est aussi le besoin de l'exploitation, c'est aussi ***les questions de sécurité alimentaire****, c'est aussi ces aspects-là qu'il faut considérer.* »

Et nous, on était dans des logiques, encore une fois, de croissance, même la dernière campagne. Les volumes n'ont pas été atteints par rapport aux objectifs, mais on n'a même pas tout vendu, et c'est là qu'on a vu que même si on avait des engagements signés avec des partenaires commerciaux engagés depuis longtemps dans le commerce équitable...ce sont des accords qui ont été remis en question, donc les volumes qui étaient annoncés comme vendus ne se sont finalement pas vendus.

Nous, on se sent assez à l'aise par rapport aux nouvelles orientations qu'on a proposées, parce qu'on a dit qu'il fallait finalement, ***par rapport à un environnement qui est plein d'incertitudes****, que les producteurs soient en mesure de saisir diverses opportunités au niveau de la production, qu'ils ne soient pas dépendants d'une ou de deux spéculations importantes, mais qu'ils puissent diversifier, qu'il y ait aussi dans cette diversification quelque chose qu'ils puissent aussi consommer, qu'ils soient en mesure pas seulement de vendre, mais qu'il y ait aussi des transformations locales avec un peu plus de valeur ajoutée. Voilà, c'est ce genre de proposition qu'on a faite, mais c'est vrai qu'il n'a pas été aussi facile au niveau de Zurich de les faire passer...*

... deux visions un peu différentes.
Au niveau de Zurich, ils nous ont toujours reproché qu'on n'était pas suffisamment bons au niveau de la filière, pas suffisamment performants là-dedans. Oui peut-être, mais il s'agit aussi ***d'élargir les champs de vision et de regarder aussi autre chose****.*

Nous, on a dit les filières, c'est très intéressant, c'est très bien le temps que ça marche, mais quand ça commence à ne plus bien marcher et quand on se retrouve avec des phénomènes mondiaux de crises et autres... Bon, il y a ses incidences ici non négligeables qui font qu'on peut remettre en discussion toute la démarche de base, donc soyons prêt aussi à tenir compte de toute cette incertitude...
Justement, eux, ils ne voient pas les avantages... on faisait un constat partagé sur l'environnement pas favorable, sur la vulnérabilité du producteur face à la concurrence, il y avait des aspects globaux, mais aussi des aspects plus liés au contexte malien : la privatisation de la CMDT, l'arrivée des OGM, beaucoup de choses, quoi, et la réponse, c'était de dire : "Professionnalisons-nous, soyons entièrement dans les approches filières, il faut consolider ça, il faut construire ça, développer le marché au Nord", et nous avons dit : "Non, la stratégie, c'est plutôt : diversifions les marchés, diversifions les produits, développons la transformation locale de façon à ce que les producteurs locaux aient plus d'opportunités et, en tout cas, qu'ils soient aussi en position de pouvoir manger, nous voulons faire du développement avant de faire du commerce, même si c'est équitable !" Ça a été difficile quoi, mais bon, là, nous sommes en train de nous entendre et ***toutes les évolutions du contexte nous donnent raison****...* »

Dans le discours de la directrice d'Helvetas, la situation mondiale et les conditions du marché international sont invoquées pour justifier des choix internes. Les notions de *« risque »* et de *« vulnérabilité »* sont également utilisées pour décrire la position des producteurs maliens face au commerce international.

Lorsqu'elle décrit les frictions avec Helvetas Zurich, elle justifie ses positions par un regard élargi et non seulement local. Et c'est là que le discours devient intéressant. C'est là qu'elle prouve que les choix alternatifs d'Helvetas Mali n'ont pas été pris seulement sur la base du développement local.

Le local que la directrice d'Helvetas défend est le local qui a échappé au global, un local qui vient après le global et non avant.

L'idée de l'exploitation biologique n'aurait pas pu émerger, sinon après le programme Coton biologique. Et bien que les acteurs de l'ONG décrivent ce processus comme relevant du développement local, il ne l'est pas. Simplement parce que ce n'était pas l'idée d'origine, et dans ce cas, la mise en place du projet de coton biologique et équitable n'aurait jamais eu de raison d'être.

La transformation du programme pendant sa mise en œuvre n'est pas non plus une *adaptation* aux conditions internes. En réalité, ces choix découlent avant tout d'une adaptation aux conditions globales du commerce.

L'action d'Helvetas est une action réparatrice et compensatrice. Helvetas est là pour atténuer la chute d'une globalisation qui ne parvient pas à tenir ses promesses. Elle est là pour éviter les coûts d'un effondrement qui serait catastrophique.

Ce genre de développement, que les opérateurs d'Helvetas Mali appellent « *local* », n'est rien d'autre qu'une adaptation aux iniquités de la globalisation et de ses marchés.

Helvetas Mali se comporte comme un parachute, comme un tampon qui amortit les chocs et limite les heurts quand l'énorme réseau qui enveloppe le monde laisse tomber les plus démunis. Dans la partie la plus basse et la plus proche du terrain, les ONG internationales veillent pour prévenir et empêcher la rupture de ces grands élastiques globaux qui essayent de relier la planète entière. Mais elles ne font

pas du développement local, elles ne mènent que des *expérimentations de développement* et s'arrêtent avant de toucher la catastrophe.
C'est dans ce sens que les ONG disent assurer la *« survie »* des populations, et c'est dans ce sens que l'on peut imaginer le type de développement qu'elles produisent : une ligne qui, à ses extrémités, place d'un côté le développement durable (comme équilibre homme–environnement) et de l'autre l'aide humanitaire. Sur cette ligne, le curseur est représenté par le risque, par la catastrophe qu'il faut éviter dans le développement durable, et qui doit être réparée dans l'aide humanitaire.

Ainsi, l'action tampon d'Helvetas va jusqu'à détourner complètement le commerce équitable qui, lui, s'inscrit dans un projet global et mondialisé, pour le substituer à un projet où l'on encourage les initiatives locales pour la construction de tout un environnement stable et équilibré.
Dans le discours de la directrice d'Helvetas, les peuples lointains au charme exotique décrit par le commerce équitable deviennent des *« citoyens »*.

> *« Le Mobiom, on l'encourage beaucoup à se tourner vers d'autres ONG, mais aussi à collaborer avec les collectivités ainsi qu'avec les opérateurs plus économiques, les artisans, les coopératives de producteurs et autres, en essayant de les mettre en lien. Déjà parce qu'au niveau de la commune, il faut créer un environnement favorable. Il faut développer de l'agriculture, un barrage, des moyens d'irrigation qu'il faut mettre en place qui ne peuvent pas être portés par une seule organisation de producteurs, mais qui peuvent être inscrits dans le plan de développement de la commune. Car ce peut être la commune qui cherche des moyens. Mais après,*

que ça profite à plusieurs coopératives de producteurs, ou bien que la commune puisse favoriser la création d'un point de vente de certains produits, c'est pour cela qu'on va essayer vraiment de le mettre en lien quoi... ***ça permet aussi aux producteurs d'être des citoyens****... et de s'engager dans la planification des priorités de la commune, des suivis, de regarder comment les moyens sont utilisés au niveau de la commune, parce qu'eux-mêmes contribuent à travers les taxes...* »

Cependant, en prenant en charge l'autosuffisance alimentaire et en protégeant les greniers de ses paysans, Helvetas fait beaucoup plus qu'assurer leur survie. En fait, au même moment, elle pose les conditions et les critères qui fondent un modèle spécifique de vie.
Dans le discours d'Helvetas, les collaborations entre les artisans, les coopératives de producteurs et la commune sont toutes des qualificatifs non seulement du développement local, mais aussi de ce qui, selon l'ONG, fonde la vie, c'est-à-dire l'exercice des activités civiques. C'est pourquoi son action protectrice n'est pas neutre, car elle ne peut pas éviter de véhiculer un modèle d'organisation sociale historiquement et culturellement fondé sur la citoyenneté.
Il n'y a aucune différence à chercher entre la vie « nue » (Agamben, 1997) et la vie. La définition de la vie est inséparable des attributs pour la qualifier. Le moment où l'on assure la survie est le même moment où l'on désigne la vie et les conditions à remplir pour qu'elle soit respectée.
Tout au long de ces trois décennies d'intervention au Mali, Helvetas change sa façon de concevoir la vie, de la protéger et donc de la promouvoir.
À son arrivée au Mali, Helvetas identifiait la « vie » et les conditions pour la protéger à l'installation d'adduction

d'eau. La rareté des ressources en eau, ainsi que l'accès insuffisant à l'eau potable étaient les éléments qui, selon Helvetas, pouvaient menacer la survie de la population malienne qu'il fallait donc prendre en charge. Mais l'urgence dépassée, les critères qui qualifient la vie changent. Rendre les populations maîtres de leur propre développement, leur permettre de s'exprimer sur les problèmes et les inclure dans l'élaboration des solutions deviennent les nouveaux objectifs d'Helvetas. Ainsi, Helvetas s'engage à accompagner les autorités communales dans la planification de la gestion locale de l'eau.
Dans un autre temps, après l'introduction du volet sur la décentralisation, Helvetas décide d'harmoniser les programmes d'appui aux producteurs avec l'organisation et la gestion des communes. L'ONG veut faire de ces producteurs des « *citoyens* », dans le but de créer une société civile capable de dialoguer avec sa communauté politique.
Les changements qui surviennent en 2009, lorsqu'Helvetas fusionne avec Intercoop et se lance dans des activités de microfinance et de promotion de l'entreprise, nous parlent encore d'un autre type de *« vie »* et donc de société qu'elle s'engage à promouvoir.
De la communauté politique, elle passe à l'idée de société comme communauté d'acteurs économiques, tout en transposant le modèle, l'idéal d'organisation sociale qui actuellement correspond à celui de sa société d'origine : la Suisse.

La façon dont Helvetas gère la participation des femmes dans le programme Coton bio-équitable est encore un autre exemple de son action réparatrice.
Pendant l'application du programme Coton, un résultat tout à fait inattendu a été la participation massive des femmes qui, en 2006, représentaient 40 % des producteurs. Loin des interprétations que l'on pourrait donner du

phénomène, il n'était que le symptôme de la méfiance des paysans vis-à-vis du projet et de sa précarité.
En réalité, la participation des femmes cachait le désintérêt des hommes qui n'avaient aucune intention de renoncer à la culture du coton conventionnel qu'ils cultivaient en rotation avec le maïs, puisque l'une des règles les plus strictes pour pouvoir produire du coton bio-équitable interdit de produire, dans le même temps, du coton conventionnel ou d'être associé à l'une de ses coopératives.
Cependant, faire travailler le coton bio-équitable à *ces* femmes signifiait se confronter à toute une série de contraintes liées au fait qu'elles étaient dotées de rythmes de travail et de moyens de production suffisants pour leurs activités spécifiques, mais pas du tout adaptées au coton qui est beaucoup plus exigeant. De plus, le taux élevé d'analphabétisme féminin et le manque de moyens de transport empêchaient leur participation aux formations sur l'agriculture biologique dispensées par le Mobiom.
Ainsi, la participation des femmes était en train de se transformer en un facteur limitant pour la production du coton. Mais pour continuer à les inclure elles aussi dans le système biologique, Helvetas décide de les soutenir dans les activités qui leur sont propres, comme la production du beurre de karité, puis le potager biologique. Pour garder ces actrices dans le programme, Helvetas décide de changer de domaine de production en se rapprochant des activités pour lesquelles elles étaient désignées, selon la traditionnelle division du travail.
C'est de cette manière qu'Helvetas entend assurer la *durabilité* du programme.

En ce qui concerne la participation des femmes, la directrice d'Helvetas, Anne-Sophie Gindroz, reconnait qu'il ne s'agissait pas d'un objectif d'Helvetas :

« Bon tout ça, ce n'était pas un objectif dès le départ ! Je pense qu'au départ, on a eu autant de femmes parce que, justement, au niveau des exploitants, ce n'était pas perçu comme un truc aussi intéressant...
Donc, on a dit aux femmes d'aller voir un peu de quoi il s'agissait, de cultiver quelques petites parcelles, parce que, eux, ils n'y croyaient pas trop... À partir du moment où ils ont démontré que ça marchait, t'as vu qu'on aura beaucoup plus d'hommes qui vont essayer de reprendre la chose. Bon, en attendant, je pense que ***c'est un résultat et qu'on peut contribuer à le consolider****, mais pour ça, il faut mettre à disposition des moyens qui nous permettent vraiment de faire ça. On sait que tout l'accès aux équipements est très sensible et que, pour les femmes, c'est plus compliqué que pour les hommes.*

Pour sortir aussi de la monoculture des céréales, le maraîchage, c'est aussi une occasion pour les femmes. Après il y a des exploitations 100 % bio, pour des questions autres qu'économiques... »

Les paroles de la directrice d'Helvetas décrivent et qualifient de *« résultat »* une situation inattendue qui a émergé du terrain à la suite de l'application du programme, comme la participation des femmes. Cette description est révélatrice non seulement de la neutralité avec laquelle elle présente cet événement qui est ainsi épuré de qualifications positives ou négatives, mais surtout de l'esprit avec lequel ce *« résultat »* est accueilli : *« un résultat à consolider »*.
Cette réponse est intéressante à double titre : non seulement elle confirme la nuance expérimentale qu'assume ici

le mot « résultat », et elle contient déjà l'indication de la suite que les activités vont prendre : *« consolider »*. Cependant, il est nécessaire de clarifier ce qu'une ONG entend par *« résultat »*.

Les organisations internationales d'aide publique au développement, et surtout les critiques sur leurs interventions, nous ont habitués à lire *« le résultat »* sur la base de sa coïncidence avec les objectifs de départ. Ainsi, le résultat a progressivement signifié la réalisation d'objectifs préétablis. Étant donné que, dans les pratiques du développement, cette coïncidence ne s'est presque jamais produite, l'anthropologie critique du développement a pu construire, sur ce manque de correspondance, leurs spéculations.

Néanmoins, dès que l'on rentre dans les engrenages d'une ONG et dès que l'on participe aux réunions de son segment ultime, celui qui s'enracine dans le terrain, l'on se rend vite compte que les objectifs ne sont que des éléments purement indicatifs qui servent notamment à diriger l'action. Dans le langage des ONG, par *« résultat »* l'on entend les ressorts du terrain qui ne sont pas forcément en rapport direct avec les objectifs initiaux.

Ce genre de nomenclature illustre déjà le caractère inductif et expérimental des activités de développement de l'ONG. Il signale déjà un changement de rationalité, où il n'y a plus de place pour une rationalité de type déductif qui fixe à l'avance les objectifs et les résultats à poursuivre.

Pendant les assemblées générales de l'évaluation, l'exploitation biologique et le potager biologique sont présentés aux agents d'Helvetas Suisse et aux évaluateurs comme des *« résultats de terrain »*.

Néanmoins, il faut faire très attention à ce qu'Helvetas appelle *« terrain »*. Surtout, il ne faut pas se laisser séduire par l'association la plus ordinaire qui identifie le terrain avec le « local ». En fait, le terrain d'Helvetas ne coïncide pas avec le Mali ou, pour mieux le dire, pas seulement. Le terrain sur lequel l'ONG déploie ses activités se trouve à l'intersection du local et du global. Il n'est pas juste le Mali, mais il est le Mali, tel qu'il émerge après avoir été traversé par le global.

Helvetas est une organisation internationale et bien que ses racines soient enfoncées dans le terrain, sa tête est tournée vers l'extérieur, vers ce transnational qui est partie intégrante de sa nature.

Une fois de plus, cela démontre la nécessité de placer les mots des protagonistes dans un contexte plus vaste, qui dépasse le regard particulier qu'ils portent sur leurs propres activités.

Le *« résultat du terrain »* est alors à analyser plutôt comme une activité de coordination entre ce qui se passe dans le local et les dynamiques qui s'exercent au niveau transnational ; niveau que, par sa nature d'organisation internationale, Helvetas est obligée de considérer. En réalité, derrière la *culture du résultat* d'Helvetas se cache un simple « pas de choix », et le fait de l'appeler *« résultat »* signifie donner aux faits une évidence qu'ils n'ont pas.

Les spécificités principales d'Helvetas sont visibles dans ses efforts d'accommodement entre le dedans et le dehors, entre un local qui désormais l'inclut elle aussi et un transnational qu'elle traverse chaque jour dans ses communications avec la Suisse ou avec ses partenaires financiers, éparpillés dans le monde entier.

Tous ces passages entre les hauts et les bas ne sont jamais neutres. Dans chacun des espaces parcourus, il y a toujours quelque chose qui se voit ajouté ou retranché, de sorte que, après ces traversées, le local et le global ne sont jamais plus ce qu'ils étaient avant.

Dans ce sens, Helvetas Mali semble bien pouvoir incarner l'image d'un seuil, d'un lieu de passage, d'un espace d'entrée ou également de sortie où, pour passer du dehors au dedans, l'on se débarrasse de quelque chose et l'on s'équipe d'autre chose.

Elle semble fonctionner comme une cellule osmotique qui assure non seulement le passage, mais encore la transformation des matières pour permettre à l'organisme de fonctionner.

Helvetas Mali, par sa présence constante sur le terrain, voit les limites d'applicabilité de projets conçus en Europe, mais également envisagés pour un nombre important et varié de pays. Les grandes ONG internationales promeuvent les mêmes projets dans leurs différentes implantations, qu'ils soient en Afrique, en Asie, ou en Amérique latine.

La proximité quotidienne d'Helvetas Mali avec le terrain lui permet de se livrer à des *expérimentations de développement*. La plupart du temps, les bureaux des agents d'Helvetas sont vides. Ils ne semblent habités que par la poussière rouge qui, au Mali, recouvre rapidement, en les effaçant, tous les signes de leurs passages rapides. Les agents de l'ONG sont souvent et injustement décrits comme des « *gens qui passent leur temps à écrire des rapports dans des salles climatisées* ». En réalité, ils passent tout leur temps sur le terrain et dans ces énormes voitures qui finalement ne sont qu'un simple moyen pour traverser rapidement un territoire loin d'être hospitalier.

Mais c'est surtout sur la base des observations constantes des mouvements qui adviennent au niveau international qu'Helvetas prend ses décisions, pour que tous ces *acteurs locaux*, dont elle aussi fait partie, puissent *survivre* lorsqu'ils tombent dans les trous de la toile globale à laquelle l'ONG essaie à chaque fois de les relier.

Dans cette sorte d'œuvre de secours qu'Helvetas semble mener, ses actions ne prennent jamais la dimension violente de la révolte.
Lorsqu'elle décide de s'éloigner des directives d'Helvetas Suisse ou, au contraire, de ne pas prendre en juste considération un fait qui s'est produit sur le terrain, ses conduites ne sont jamais agressives.
Puisque, en effet, ses ruptures sont toujours partielles. Si d'un côté Helvetas Mali procède à une disjonction, c'est seulement pour opérer une recomposition de l'autre. Et tôt ou tard, les deux côtés tireront bénéfice de ces manipulations.
Si Helvetas était en mesure non seulement de proposer sa stratégie basée sur les exploitations biologiques, mais surtout de recevoir l'accord de la direction Suisse, c'était parce que, comme la directrice Anne-Sophie l'avait dit : « *Les faits nous donnent raison* ». Et les faits, ce sont notamment toutes les incertitudes liées à l'exportation et aux difficultés de placer les produits sur les marchés internationaux.
La décision stratégique d'Helvetas Mali, plus qu'un cri de révolte contre des programmes conçus en Europe, n'est rien d'autre qu'un réseau de sécurité qui empêche l'écroulement de tous les projets d'Helvetas Suisse. Surtout, c'est grâce à ce choix d'Helvetas Mali qu'Helvetas Suisse pourra continuer à assurer sa crédibilité. Pour cette raison, Helvetas Suisse, après de longues discussions, ne peut qu'accepter les propositions d'Helvetas Mali.
Le combat qu'Helvetas Mali croit mener pour faire valoir ses motivations dans la confrontation avec son siège européen n'est pas dirigé contre Helvetas Suisse, mais il lui est

transversal puisque la première à profiter de ces stratégies sera précisément Helvetas Suisse.

L'observation de ce genre d'attitude a déterminé le choix de les appeler des « contre-conduites », reprenant encore une fois le vocabulaire foucaldien (Foucault, 2001).
Les contre-conduites sont apparues comme des formes de résistance qui existent et s'articulent au sein même des configurations de pouvoir dont elles cherchent à se dissocier. Les contre-conduites se caractérisent par des formes de résistance intérieures et non extérieures. Elles ne se concrétisent jamais dans un affrontement direct, mais toujours dans une utilisation *tactique* des éléments internes au régime dont elle cherche à se détacher. Et la tactique, à la différence de la stratégie, n'a pas un objectif à atteindre, elle n'est conçue que pour des actions ponctuelles et limitées dans le temps.
La façon dont Helvetas a su transformer le programme Coton bio-équitable en Potager bio-équitable semble donc pouvoir entrer dans cette modalité de résistance.
Les contre-conduites d'Helvetas Mali ont déterminé un changement. Mais ce changement a été lui aussi d'une nature très particulière, puisqu'il a eu l'effet non pas d'abattre le « système Helvetas », mais au contraire de le renforcer tout en le bouleversant. En fait, ce sont ces contre-conduites qui rendent possible l'exercice du pouvoir.
Cependant, la façon dont les contre-conduites sont organisées a encore une autre conséquence. Contrairement à ce que l'on a pu observer dans les pratiques de développement de la Banque mondiale et du Fonds monétaire international, dans la démarche d'Helvetas, il n'y a jamais de résultats négatifs susceptibles de devenir matière à critiques externes. Pour Helvetas, chaque chose constitue un résultat, comme dans tout processus expérimental. Ce-

pendant, en l'appelant simplement *« résultat »*, Helvetas neutralise ce concept et le vide de toute acception négative ou positive.
En revanche, cela implique qu'Helvetas n'a pas d'histoire. Pas d'histoire ni de mémoire qui pourraient révéler un parcours non linéaire, mais des sauts et des discontinuités. Les rotations au sein de la direction sont prévues à intervalle de cinq ans et la circulation des agents est aussi très active : les départs, les nouvelles arrivées, les changements des programmes connaissent une fréquence très élevée.
À la fin de mon dernier terrain en 2009, je ne suis pas la seule à devoir quitter le Mali, la directrice d'Helvetas Mali aussi. À sa place, il y aura un nouveau directeur qui n'est pas francophone, provenant du Népal. Un grand changement s'annonce : à la fin de 2009, Helvetas Mali parlera anglais.
Je suis encore au Mali et je vois déjà apparaître des dictionnaires d'anglais sur les bureaux du personnel d'Helvetas. Pour Helvetas Mali un nouveau cycle va commencer.

L'observation du programme Coton bio-équitable, à travers le quotidien des opérateurs techniques, à travers l'analyse de la gestion des ressorts du terrain et des difficultés provoquées par l'écart entre les idées et leur mise en pratique, a déclenché une série d'importantes réflexions sur la structure et sur les fonctionnements de la même ONG.
Dans le déroulement complet du programme, des producteurs jusqu'aux artisans, Helvetas est apparue comme une institution dotée d'une base suffisamment souple et réactive pour s'adapter et accueillir les changements avant qu'ils n'explosent dans le conflit, sous l'impulsion d'un nouvel idéal messianique énonçant une injustice à réparer.

Nous sommes loin des dynamiques politiques fondées sur le contrat politique et sur la reconnaissance sociale.
En revanche, il a été possible de découvrir que, dans ses fondements qui sont aussi les racines qui permettent à l'ONG de s'enfoncer dans le terrain, l'ONG fait preuve d'une grande *capacité de résilience,* démontrant ainsi toute sa spécificité.
La résilience entendue comme capacité d'un objet à résister aux pressions et à reprendre sa structure initiale. La résilience, comme capacité à absorber un drame, comme réaction face à la vulnérabilité, à l'irruption de l'accident ou de la catastrophe.
Cette lutte constante contre l'entropie nous ramène aux principes bien connus de ce développement que l'on appelle *durable*, mais qui reste encore très peu exploré dans ses pratiques et dans son idéologie.
C'est dans ce sens que le développement se vide d'un devoir-être, d'un contenu spécifique universellement réalisable, et qu'il est remplacé par une forme : celle d'un équilibre entre l'homme et son environnement qui peut être décliné de multiples façons.
Le développement qui résulte de ces actions est moins un développement avec des objectifs et des moyens précis qu'un développement de l'« ainsi », un développement « tel qu'il est » (Agamben, 2002).
Le directeur du Programme coton d'Oxfam Grande-Bretagne au Mali, Abdoulaye Dia, va dans le même sens quand, en commentant le choix d'Helvetas de relancer le marché local, il affirme :

> « *Souvent l'innovation, ça vient d'un choc, il faut s'adapter après.*
> *C'est quand il y a un problème qu'on cherche des solutions et qu'on trouve d'autres voies. Maintenant, la voie de la transformation locale est à développer,*

ça c'est sûr, au moins pour avoir un marché domestique et être moins dépendants au niveau international. On ne peut pas avoir tort a posteriori. Ça, c'est une solution, mais il n'est pas évident que cette solution aurait pu être là a priori. Parce qu'au moment où mes gens ont misé sur le marché extérieur, par rapport au contexte, à l'analyse de ce contexte, c'était ce qu'il fallait faire...
Mais le contexte change et, à chaque fois, il faut analyser le contexte et prendre différentes stratégies. Aujourd'hui, la bonne stratégie, c'est de mettre une bonne dose de marché domestique et aussi construire une image... »

Concrètement, cette technique de développement n'est pas un projet ou une idée politique, mais elle est pratique, essentiellement. Elle est *biopolitique* (Foucault, 2004), parce qu'elle se place entre la norme et la vie.
Les opérateurs impliqués sur le terrain pour l'application d'un projet font l'expérience de la distance entre le projet et les risques de ses applications orthodoxes, ils le modifient tout en suivant les limites de son applicabilité. Les agents de terrain suivent les *« résultats du terrain »,* dans une action qui est plus tactique que stratégique, dans le sens où elle tend à s'ajuster aux transformations inéluctables plutôt qu'à suivre une ligne préméditée. Ils se trouvent à travailler dans ce *vide* qui est l'espace *entre* le projet avec ses normes et le vivant inconnu qui en est le destinataire.
Et pour motiver leur gestion particulière de cet espace imprévisible, ils font appel à la *survie,* puisqu'ils ne peuvent pas s'appuyer sur d'autres normes. Ainsi, ils réclament le droit à la vie en guise de justification ultime, parce qu'elle est la seule qui leur permette de légitimer

l'infraction à toutes les autres justifications qui ont déjà assumé la forme de la règle.
L'*anthropologisation* du développement qui, de projet de modernisation, est devenu *humain* a signé le début de toute une série de transformations qui ont vite concerné les pratiques de développement et ses justifications.
À partir du moment où l'Homme est placé à la base de tous les jugements moraux et politiques, les politiques de développement se construisent autour de la nature humaine et des concepts culturels pour la signifier. Dans ce cadre, la vie et la mort deviennent les frontières extrêmes, mais toujours culturellement construites de l'espace où l'action est située.
En concomitance cependant, diverses techniques de pouvoir se mettent en œuvre pour exercer un contrôle et limiter *ces ingouvernables* et les expériences dont ils se font les observateurs.

CHAPITRE VI

LES MONADES TRANSNATIONALES D'HELVETAS MALI

Le premier effort qui s'impose lorsque l'on décide d'aborder une réflexion critique sur Helvetas, à partir de sa composition et de ses modes de fonctionnement internes, consiste à renoncer à concevoir l'ONG comme une unité cohérente.

La façon dont mes terrains se sont déroulés m'a amenée à abandonner tout de suite une quelconque perspective unitaire sur cette structure qui n'apparaît comme un ensemble que si on la regarde de l'extérieur. Helvetas Mali ne peut pas être appréhendée comme une totalité homogène, ni socialement ni culturellement.

Composés d'expatriés, d'étrangers et de migrants, mais aussi de locaux, tous sujets à des formes de mobilité plus ou moins cyclique servant des intérêts que l'on ne peut pas assimiler à ceux de leurs États de provenance ni d'accueil, travaillant dans des réseaux transnationaux avec le support d'appareils technologiques particuliers, cet ensemble n'émane ni ne crée de formes socioculturelles stables. L'unique chose que les agents d'Helvetas semblent partager, c'est justement cette expérience d'apprentissages multiples et de socialisations différentes. La caractéristique principale d'Helvetas est de combiner et de lier entre eux les éléments les plus culturellement disparates et de les organiser dans un ordre qui, tout en étant hiérarchique, laisse aux individus un énorme espace d'autonomie.

Helvetas est le lieu de la contradiction, des différences qui ne s'homogénéisent pas. Leur rassemblement ne découle pas d'une quelconque solidarité interne ni d'un acte de reconnaissance. Helvetas est l'un des meilleurs exemples

de ce nouveau genre de relations postmodernes où les individus sont unis par tout ce qui les sépare.
L'organigramme qui décrit la composition d'Helvetas Mali pendant les années 2007-2009, lors du déroulement de mes terrains, compte seulement deux expatriés européens. Leur minorité numérique est cependant compensée par l'importance des rôles qu'ils occupent. Franck, un Français, est chargé de la promotion du programme Coton bio-équitable, et Anne-Sophie, une Suisse, est la directrice d'Helvetas Mali.
Pour le reste, tous les agents d'Helvetas Mali, y compris ses chauffeurs, ses secrétaires sont des Maliens.
Outre la place occupée dans la hiérarchie, une différence beaucoup plus importante distinguait les activités des expatriés et des locaux. Il s'agit du terrain. Tous les Maliens étaient sur le terrain. Chaque jour, ils allaient au plus près de leurs confrères dans les villages, et c'étaient eux qui étaient censés servir de médiateurs entre Helvetas et les *« destinataires de son aide »*. Ainsi, dans son segment le plus proche du terrain, Helvetas était complètement malienne. Pour le Mobiom, le partenaire local d'Helvetas Mali, le panorama était presque le même. Ici aussi, tous les opérateurs étaient des Maliens, sauf un agronome français, volontaire auprès de l'Association française des volontaires du progrès, chargé pendant deux ans de l'appui technique et commercial au Mobiom.
Les avantages liés à l'origine locale des agents sont énormes si l'on pense à la facilité de communication ou de traduction de certains concepts propres au domaine du développement. Ils connaissent la langue, les coutumes locales, les principes religieux, beaucoup parmi eux ont encore leurs *« parents dans le village »*.
À ces avantages pratiques, il faut ajouter aussi une forte motivation liée au sentiment de proximité avec les destinataires de l'aide : *« c'est mon pays »*, *« c'est ma fa-*

mille », *« c'est mon peuple »* répétaient les agents d'Helvetas et du Mobiom.
Ce qui est moins évident, c'est que, parfois, ces mêmes facteurs de proximité peuvent devenir moins rentables. Il peut s'agir de questions liées à l'âge qui rendent difficile pour des opérateurs techniques de donner des directives à des gens plus âgés qu'eux.
Autrefois, l'égalité revendiquée par les producteurs sur la base d'origines communes a pu devenir un motif d'enfermement et de refus de collaborer.
Mais, plus important encore, l'attitude des paysans envers leurs compatriotes du Mobiom ou d'Helvetas. Elle est indicative de la distance qui sépare des individus censés appartenir au même peuple.
Le comportement méfiant de certains producteurs envers les agents techniques du Mobiom semble dériver d'un écart entre les attitudes auxquelles ils s'attendent de la part de ces individus en tant que Maliens et celles dont, effectivement, ils sont porteurs.
Quand les opérateurs du Mobiom communiquent aux producteurs des décisions prises par Helvetas ou par le Mobiom, les producteurs les perçoivent non seulement comme extérieures à leurs logiques, mais ils se demandent comment des gens apparemment « comme eux » peuvent les soutenir. Parce qu'ils font partie du même pays, mais aussi parce que c'est avec eux qu'ils partagent leur quotidien. Les opérateurs techniques sont supposés connaître leurs problèmes et pourtant leurs attitudes semblent dériver et être réglées sur un autre système de pensée.
En réalité, les agents du Mobiom sont la dernière chaîne d'un système vertical *top-down* qui commence en Suisse et se termine à Sibirila. Car le rapport d'extranéité que les paysans ressentent vis-à-vis des directives des opérateurs techniques est le même que ces derniers éprouvent à l'égard du Mobiom. À son tour, le Mobiom vit le même

type de relation avec Helvetas Mali, qui est semblable à celui qu'Helvetas Mali entretient avec Helvetas Suisse.
C'est en ce sens que, pour rejoindre le Mali, Helvetas Suisse semble donner vie à un enracinement dans lequel elle ne fait que répliquer la même structure à travers des segments de plus en plus petits.
Regardé de l'intérieur, ce protagoniste désormais incontournable de la coopération internationale semble se composer d'unités fractales. L'ONG, comme les fractales, ne trouve sa règle de création que dans l'irrégularité ou dans la fragmentation. Comme les fractales, elle peut se répliquer dans le plus petit et dans le plus grand, tout en gardant une structure qui reste invariante aux changements d'échelle. C'est ainsi que l'on appréhendera Helvetas, comme un ensemble de segments irréguliers qui, de la Suisse au Mali, se décompose en une série de micro-segments, répliquant dans le plus petit la même structure que dans le plus grand.

Malgré le fait que la présence et la proximité du terrain soient la plus grande originalité des ONG, nous avons vu que leurs décisions ne procèdent pas par émanation du terrain et de ses besoins.
Il en résulte toute une série d'actions dont la logique et la cohérence appartiennent au niveau supérieur et qui ne peuvent pas forcément être reconnues par le bas.
En effet, plus on procède vers le bas, en l'occurrence vers les villages, plus on s'éloigne de ce *transnational* qui est l'autre frontière habitée par Helvetas et avec laquelle elle est constamment obligée de composer.
De plus, si l'on regarde le parcours éducatif et professionnel des travailleurs d'Helvetas, l'on retrouve une constante commune : tous on fait des études universitaires dans des domaines économique ou social du développement. Pour la plupart d'entre eux, elles ont été poursuivies à

l'étranger, dans d'importantes universités africaines ou en Europe.
La formation universitaire qui a ouvert ces Maliens à des formes de savoir et de connaissance éloignées de celles, traditionnelles, du Mali est déjà à elle seule suffisante pour mettre en évidence un changement important dans leur rapport au monde. Ce n'est pas forcément le déplacement qu'ils ont pu faire en Europe, mais le contact et l'adhésion à un autre type de pensée qui ont été déclencheurs d'une transformation.
Nous ne sommes pas loin de ce que les anthropologues, les historiens, les philosophes et les psychologues ont appelé la théorie de l'acteur pluriel. Cette posture intellectuelle a permis d'analyser la multi-appartenance des acteurs individuels à leurs socialisations successives ou simultanées dans des groupes variés, et à la pluralité des « points de vue » qu'ils peuvent mobiliser.
Comme Maurice Halbwachs (Halbwachs, 1976) l'avait fait en histoire, Lloyd (Lloyd, 1993) suggère, dans le domaine psychologique, l'analyse historique des contextes sociaux dans lesquels les « mentalités » sont énoncées, manifestées, déployées.
Contre le concept d'*habitus*, comme *« principe actif, irréductible aux perceptions passives, de l'unification des pratiques et des représentations »* (Bourdieu, 1994), Goffman démontre le manque de fondement de ce qu'il appelle les mythes ordinaires de l'identité personnelle invariable. Il les dénonce comme des idées vouées seulement à secourir l'illusion *« socialement bien fondée »* de l'unité du sujet (Goffman, 1973).
Ainsi, les thèses de l'unicité et de l'homogénéité de la culture comme de l'acteur sont démenties à la faveur des théories de l'action qui prennent en compte la pluralité des contextes et des socialisations auxquels un individu participe successivement au cours de sa trajectoire ou, simulta-

nément, au cours d'une même période de temps. Il s'agit de considérer des univers sociaux variés au sein desquels l'acteur peut occuper des positions différentes. Les tenants de ce courant émettent l'hypothèse de l'incorporation par chaque acteur d'une multiplicité de schèmes d'action, d'habitudes (de langage, de pensée, de mouvement) qui s'organisent en autant de répertoires que de contextes sociaux. Ces ensembles d'expériences sociales, qui se traduisent avec autant de connaissances incorporées, restent disponibles dans une sorte de *stock* où ils sont mis en réserve dans l'attente d'un événement déclencheur de leur mobilisation.

La théorie de l'acteur pluriel (Lahire, 2011) semble un outil performant pour appréhender la complexité des personnalités qui composent Helvetas Mali et le Mobiom, soit dans sa composante d'autochtones soit dans celle d'expatriés. Puisque dans les deux cas, les protagonistes font preuve de différentes formes de réflexivité, d'une pluralité de logiques d'actions, et de formes hétérogènes d'incorporation du social qui semblent se plier dans chaque individu.

C'est dans ce cadre que l'on peut classer et interpréter les considérations de Bamba, le technicien chargé de la formation et du suivi de l'agriculture biologique du Mobiom, lorsqu'en s'éloignant du savoir scientifique qu'il est censé transmettre aux autres, il affirme :

> « *Il est écrit dans le Coran que s'il ne pleut pas, c'est parce que les gens se font beaucoup de mal... Avant, les gens, ils faisaient beaucoup d'entraide ; maintenant, ils ne le font plus... Aussi longtemps que nous serons méchants les uns envers les autres, Dieu ne sera pas généreux avec nous et voilà la preuve... Dieu est fâché avec nous : c'est pour ça qu'il n'y a pas de pluie...* »

Ici, l'on assiste à la mobilisation d'un raisonnement relevant d'une sphère traditionnelle religieuse pour expliquer un phénomène naturel dont Bamba connaît parfaitement les causes scientifiques.
La possibilité de ce genre de connivence entre des aspects de la pensée rationnelle et d'autres croyances de type religieux a été largement expliquée par leur appartenance à des contextes sociaux différents (Lloyd, 1993).
L'abandon de la rigueur scientifique et le basculement dans des formes de pensée plus populaires alternent avec des moments où les agents maliens du Mobiom et d'Helvetas semblent s'éloigner totalement de leurs réalités locales et faire preuve d'une adhésion totale aux principes de l'institution dont ils font partie.
Ainsi, le président adjoint d'Helvetas semble s'écarter complètement des logiques en vigueur dans les villages lorsqu'il insiste sur l'importance de l'implication des femmes dans le projet Coton, « *puisqu'à travers l'argent du coton, elles pourront augmenter leur statut social dans le village* ».
Son attitude n'est pas éloignée de celle du conseiller technique du Mobiom qui, au cours d'une conversation, s'étonne, comme l'avait fait l'évaluateur belge, et admet ne pas comprendre la raison pour laquelle un producteur avait préféré utiliser l'argent du coton bio-équitable pour épouser une autre femme au lieu d'acheter un tracteur ou un autre moyen de production. Et pourtant, les origines rurales de sa famille et sa proximité quotidienne avec les producteurs auraient dû suffire à lui faire comprendre la question. En effet, dans certaines logiques rurales, le fait de prendre une autre femme signifie justement investir dans le moyen de production le plus efficace que les producteurs connaissent, à savoir leur progéniture et leur force de travail.

De la même façon, j'étais étonnée de repérer des attitudes étranges dans la pratique de l'écriture du volontaire de l'Association du progrès, ou dans certaines de ses postures au travail. À mes interrogations sur la question, il répondait avec un simple : « *Ce sont eux qui me demandent de faire ça, je fais juste mon travail* ».
Les exemples de ces basculements entre la logique relevant du travail et celle du contexte d'une socialisation, disons « primaire », sont très fréquents dans les conversations avec les employés d'Helvetas et du Mobiom. Et ils concernent de façon transversale tous les locaux aussi bien que les expatriés.

L'observation quotidienne des opérateurs d'Helvetas Mali et du Mobiom a suggéré leur représentation en tant que *monades transnationales*. Les structures des monades, telles qu'introduites dans la philosophie par Leibniz et ensuite dans la microsociologie par Gabriel Tarde, semblent être, en fait, des instruments performants pour esquisser les éléments qui composent l'ONG et son partenaire local, le Mobiom.
La monadologie est utile puisqu'elle permet de sortir du dualisme entre individu et communauté, et offre la possibilité de décrire des sujets qui sont à la fois singuliers et multiples. Car une monade contient tout un monde plié en lui, bien qu'il ne puisse en exprimer qu'une seule partie.
Un individu contient tout le social dans lequel il a grandi et dont il a fait expérience, mais il en exprime seulement une partie. « *Car tout est plié dans l'individu* », dit Leibniz (Leibniz, 1677).
L'idée de monade se révèle performante pour décrire les sujets dans l'actuel contexte globalisé puisqu'il permet d'appréhender l'individu non comme une substance, mais comme une multiplicité de relations qui sont autant d'aspects, de qualités, d'identités qui peuvent être activés

et agencés de façon imprévisible et, ainsi, constituer la singularité de chacun.
À cause des nombreuses expériences de mobilité offertes par la globalisation, il ne sera donc pas évident que l'individu ressemble exclusivement à sa nation ou à son groupe originel, dans son moi collectif ou social. Ainsi conçues, les intégrations n'ont rien de figé ni de définitif, mais elles peuvent s'activer à n'importe quel moment sous l'effet d'un événement extérieur.
Pour la même raison, ces agrégations ne seront pas définitives ni totalement homogènes. Aucune monade ne verra jamais sa singularité se dissoudre dans un collectif, mais elle gardera toujours sa propre individualité.

Néanmoins, si, d'un côté, il est possible de comprendre ces personnalités particulières et les chemins que leurs logiques suivent, de l'autre, nous ne savons encore rien sur les raisons qui, par la suite, empêchent ces acteurs de construire un « commun ».
Comment est-il possible qu'après toutes les heures de travail passées ensemble, malgré une ambiance fortement solidaire, ces individus n'arrivent pas à faire d'Helvetas un autre lieu de socialisation qui puisse constituer la base de l'élaboration d'une sorte de culture commune ?
Encore une fois, c'est l'observation qui a fourni les éléments de réponse à cette question.
Une série de mécanismes concernant l'organisation du travail et les outils dont les agents disposent pour l'effectuer empêchent Helvetas de devenir une institution dans l'acception socio- anthropologique du terme, soit comme contexte socioculturel produit par l'ensemble de ses acteurs, soit comme structure génératrice d'un certain accord social et culturel parmi ses membres.
Ainsi, ce ne sont pas les différences originales dont ses membres se font porteurs qui empêchent la constitution

d'un commun, mais celles que, constamment, le système dans lequel ils travaillent produit et cristallise.
La façon dont le travail est organisé agit sur les employés quotidiennement. Cette action a comme effet d'étouffer toute sorte d'interaction ou de réflexion critique capable de générer un commun socioculturel.
Helvetas, dans les modalités de sa composition interne, mais aussi dans la structuration de ses activités de travail, se présente comme un système qui s'alimente des différences qu'elle-même participe à créer et à reproduire parmi ses membres. Ce n'est qu'à travers la cristallisation des différences produites par ses monades, tout au long du processus de travail, qu'Helvetas peut exister.

Dès que l'on décide de reconstruire les logiques d'action et de fonctionnement du segment ultime d'une ONG internationale, mieux vaut oublier l'image que sa partie la plus visible donne à voir.
Oublier les bénévoles qui, tout en restant en Suisse, se rassemblent autour de noyaux d'intérêts communs, ou organisent des manifestations dans le but de sensibiliser le plus grand nombre de gens sur des thèmes qui vont de la santé de la planète au destin des peuples lointains dont, d'ailleurs, ils n'ont qu'une connaissance vague et romancée.
Oublier ces milliers de *consomm'acteurs* qui font de leurs idéaux, plus ou moins imaginaires, les principes qui dirigent leurs actions et qui règlent leurs achats « solidaires » ou « engagés ».
Oublier ces individus qui, par un véritable « acte de foi », décident de suivre des idées qui seront toujours confortées par la distance. Jamais ils n'iront dans un laboratoire pour constater personnellement les effets bénéfiques de l'un ou de l'autre de ces produits biologiques, jamais ils ne fran-

chiront les frontières pour partager *« le bonheur »* avec ces peuples qui vivent *« heureux au plus près de la nature »*.
En fait, il existe un rapport indirect qui caractérise les relations entre la vérité et la mobilité. La vérité, ainsi que tout autre dogme, ne peut avoir des adeptes que parmi ceux qui jamais n'oseront la soumettre à la vérification de l'expérience directe.
Ce sont seulement les éléments les plus mobiles qui savent que la vérité, comme le bonheur, ne dure que quelques instants.
Loin des ardeurs et des idéaux des bénévoles, la partie extrême d'une ONG internationale se compose d'un personnel professionnel et qualifié qui exécute son travail comme dans n'importe quel cadre.
Mais, au contraire des bénévoles, il passe chaque jour sur le terrain où il assiste, impuissant, à la rupture de tout projet, notion et vérité établis au préalable.
Ainsi, l'adjectif d'*ingouvernables* qu'en Suisse les militants réclament pour s'autodéfinir est à l'autre extrême de l'ONG le qualificatif non pas des agents, mais du terrain sur lequel ils sont appelés à travailler. Au Mali, le seul ingouvernable, c'est le terrain. Car, chaque fois, c'est lui qui met à rude épreuve les activités programmées et qui les bouleverse. La rupture épistémologique à laquelle les opérateurs de l'ONG sont constamment confrontés n'est pas loin de celle qui caractérise tout métier de recherche, y compris anthropologique.
La mobilité sur le terrain est la première particularité frappante du travail dans une ONG. Elle se caractérise par une extrême rapidité et par le fait d'être exécutée par des micro-équipes. Chaque programme est composé d'un nombre restreint d'individus qui ne dépasse pas trois, voire quatre personnes. Cependant, les missions sur le terrain sont exécutées en solitaire par chaque membre de l'équipe qui se déplace avec son chauffeur. Les chauffeurs

ainsi que les voitures qu'ils conduisent sont assignés à des programmes spécifiques, et c'est pour cela que, parfois, l'on assiste à la création de relations de proximité et d'amitié qui sont plus fortes entre l'opérateur et son chauffeur qu'entre les opérateurs du même programme.
Finalement, c'est entre eux que s'opère le plus grand partage. Pendant une mission, ils partagent le temps du travail aussi bien que celui du repos, ils partagent leurs repas et, dans un village en brousse comme à Bougouni, ils sont constamment en compagnie l'un de l'autre.
Sur le terrain, les opérateurs d'Helvetas peuvent exécuter des missions de formation, d'information ou d'expertise sur l'état d'avancement d'un projet. Ils utilisent souvent la formule du *focus group* par laquelle ils rassemblent la partie de la population du village qui va être destinataire d'un projet.
Dans les réunions, ils informent et mesurent l'esprit de participation. En revanche, pendant les formations, ils sont chargés de transmettre un savoir. Chaque formation prévoit un moment de vérification, où l'opérateur interroge un par un les participants pour évaluer le degré de compréhension et d'intériorisation du message qu'il vient de délivrer. Ces évaluations sont inscrites et classées dans des tableaux fournis par Helvetas. Les listes et les tableaux sont les outils principaux dont les opérateurs se servent pendant leurs missions pour enregistrer les données.
La pratique quotidienne du terrain, ainsi que le déplacement vers les destinataires de l'aide permettent aux opérateurs de sortir de tout cadre idéal où les projets sont conçus, et de faire l'étrange expérience de ce « vide » entre la norme et la vie, entre le projet et sa mise en place.
Mais il y a quelque chose de sinistre dans les connaissances que les opérateurs d'Helvetas accumulent sur leur terrain. Et ce quelque chose c'est le fait que ce savoir dérive, la plupart du temps, d'une défaite.

Ce savoir ne s'identifie pas à une défaite : il *est* sa défaite. Et c'est ainsi que les protagonistes l'envisagent, au lieu de le voir comme la source de nouvelles connaissances à construire.
En réalité, tout savoir expérimental se nourrit de sa défaite, mais ce qui rend ces connaissances angoissantes pour les opérateurs c'est qu'elles ne seront appréhendées que par leur côté négatif et qu'elles ne deviendront jamais la base d'un savoir positif. Les ressorts du terrain seront toujours la négation d'un fait, d'une attente.
En échange de sa proximité avec la « vérité », et surtout avec sa vérification sur le terrain, l'agent d'Helvetas perd toute capacité à nommer, à représenter et à construire un contre-savoir.
Non seulement il restera muet devant ce qu'il découvre, mais ses actions continueront à être réglées sur de tout autres principes, ceux qui sont décidés par la direction d'Helvetas Mali ou d'Helvetas Suisse.
Par rapport aux bénévoles suisses, l'agent de terrain d'Helvetas gagne l'accès direct à l'expérience, mais il perd aussi la possibilité de la représenter et d'en faire le principe qui dirige son action. Car, comme nous l'avons vu précédemment, Helvetas prend sa décision en croisant les deux niveaux, local et international, que, par nature, elle habite.
Les agents d'Helvetas ne cachent pas un certain cynisme. Certains d'entre eux se moquent de la vitesse avec laquelle les activités sont programmées, ou de la distance qui sépare certains projets de leurs terrains.
« Une course sur place », voilà comment quelqu'un me décrit ce qu'est pour lui le développement. Parfois, ce malaise se traduit par un état de faiblesse physique, comme c'était souvent le cas pour Bamba.
Ces agents vivent, dans le cadre de leur travail, des pressions très fortes qui découlent de la conscience qu'ils ont

des principes qui organisent leurs actions sans correspondre à la vérité dont ils font directement l'expérience. Et c'est pour cette raison qu'ils ne peuvent pas être appréhendés comme des *acteurs complètement responsables* de leurs actes.

« Nous sommes dans l'action », c'est ce que, sans arrêt, ils me répètent pour marquer aussi une différence avec moi et le savoir spéculatif *inutile* que je représente à leurs yeux. Et pour une fois, nous sommes d'accord, à condition d'aller plus loin et de préciser que l'action d'Helvetas ne semble pas avoir d'autres fins que l'action elle-même, puisque ses fins sont élaborées ailleurs.

Ainsi, les différentes expériences de terrain d'Helvetas engendrent un savoir pratique qui n'aura jamais la possibilité d'être mis en évidence. Ces savoirs pratiques ne sont pas envisagés comme le moteur de l'action. Mais, surtout, les techniques utilisées pour l'enregistrement des données agissent en empêchant toute problématisation critique et mise en partage.

En fait, les multiples expériences que chaque opérateur d'Helvetas acquiert sur son terrain sont enregistrées à l'aide de tableaux et de listes standard qu'Helvetas ou le Mobiom rédigent préalablement pour tous leurs employés.

En anthropologie, les célèbres travaux de Jack Goody (Goody, 1979) ont eu le mérite de mettre en valeur l'importance de l'écriture comme processus qui permet « d'objectiver le discours » dans sa propriété de passer de l'audition au visuel. Il arrive à démontrer comment le texte écrit est lui-même générateur d'une conscience plus aiguë des structures du langage tant syntaxiques que sémantiques. Mais plus important encore, il prouve comment l'écriture n'est pas seulement une forme de présentation du savoir, mais qu'elle en détermine aussi le contenu. Les formes de l'écrit ne sont pas neutres par rapport au contenu qu'elles construisent. Elles participent à sa définition.

En analysant les tableaux utilisés par les anthropologues, il dénonce cette forme d'écriture simplifiée qui a servi à classer les systèmes symboliques complexes des cultures orales. Il insiste sur l'effet de « décontextualisation » de l'écriture et de sa capacité à simplifier les échanges et les transactions. De plus, c'est seulement à travers un passage dans la langue que la parole peut arriver à l'écrit. Car le langage est déjà un moyen qui permet d'exercer une maîtrise symbolique de notre expérience.

Dans ce cadre, il n'est pas difficile de comprendre comment tous ces plannings, toutes ces listes, ces tableaux qui accompagnent les agents sur le terrain constituent une façon de mettre en forme le réel. Ces tableaux s'organisent autour d'énoncés qui ont été établis auparavant et, pour les agents, il ne reste que des cases vides à remplir.

Ces structures organisent déjà la connaissance puisqu'ils la réduisent en « causes », « effets », « objectifs », « résultats » et, ce faisant, ces termes empêchent toute autre sorte de problématisation du réel.

Ce type de classification des données en des colonnes différentes a ensuite pour conséquence d'empêcher la lecture des relations possibles entre ces éléments. Non seulement elle objective les catégories de lecture du réel, mais, dans sa mise en forme, elle empêche toute réflexion critique entre les termes qu'elle impose pour le décrire.

Sur un tableau qui se propose de relever « les besoins pratiques » et « les besoins stratégiques » des femmes, il a déjà été décidé que ces deux catégories sont suffisantes pour contenir *les besoins* des femmes, que ces besoins existent en tant que tels et, surtout, que *ces femmes* existent en tant que groupe homogène. Ensuite, leur séparation en deux cases différentes exclut a priori que l'un puisse

avoir un rapport avec l'autre. Ils sont classés l'un après l'autre, selon un ordre arbitraire.
De la même manière, les tableaux que les opérateurs techniques utilisent pour leur travail sont constitués par des cases destinées à enregistrer le nom du producteur, l'extension de sa parcelle en hectares, le nombre de traitements effectués sur la parcelle, la participation aux formations, les prévisions de production et les résultats effectifs.
Cette grille d'analyse impose déjà un type de lecture qui lui est implicite. Elle postule une individualisation du producteur qui, dans un contexte comme celui du village, est tout à questionner. Elle ne laisse pas d'espace pour comprendre les raisons qui facilitent ou empêchent la participation des producteurs aux formations. Elle n'informe pas sur les moyens de transport disponibles pour les producteurs, sur les outils intellectuels pour les comprendre, si le temps nécessaire pour ces formations est cumulable avec les autres tâches liées à leur statut.
Pareillement, la case relative aux « prévisions de production » donne comme acquis que, dans la brousse du Mali où les producteurs pratiquent une agriculture traditionnelle, l'on peut parfaitement maîtriser et donc calculer sa propre production comme on le fait en Europe. Le couple « prévisions »/« résultats » ne laisse pas d'espace aux considérations de Bamba qui me dit que dans les faits, ni les producteurs ni lui n'ont la maîtrise de la production et qu'en réalité, au Mali, ils ne peuvent rien prévoir.
Bamba qualifie leur agriculture de *« naturelle »* dans le sens de soumise aux *« caprices »* de la nature. Il souligne aussi la précarité des conditions des producteurs. Le décès d'un animal ou un accident sont susceptibles de les obliger à se désister du projet. Bamba cite alors certaines techniques industrielles qui caractérisent l'agriculture européenne et qui permettent de produire des tomates toute

l'année en esquivant les contraintes naturelles. Il revient ensuite à l'agriculture traditionnelle malienne et il avoue : *« Ici, on ne maîtrise rien ».*

Sur un autre plan, si l'on regarde les relations que ces agents entretiennent entre eux, l'on remarque tout de suite un énorme vide. Il s'agit d'un défaut important de communication interne.

Ces monades qui courent sans arrêt d'un point à l'autre du Mali échangent finalement très peu et très mal entre elles. Pendant les grandes réunions collectives, elles communiquent à l'aide de *PowerPoint* ou de *keynotes* qui sont autant d'instruments de simplification et d'appauvrissement de la réalité qu'ils prétendent décrire.

La plupart du temps, ils sont préparés très rapidement dans un format qui est le même pour tout, y compris pour le côté stylistique. Parfois, l'on découvre des formules qui se répètent d'une réunion à l'autre. Mais le plus frappant est que tous ces instantanés qui se succèdent dans les présentations ont pour effet de rendre complètement neutre leur contenu. Faire suivre les éléments classés en tant qu'« obstacles », par la fiche « causes » et par la fiche « solutions » exprime une maîtrise du sujet qui empêche toute sorte de problématisation et de travail critique de la salle. Le large usage des graphiques colorés augmente l'uniformisation de l'information puisqu'ils ont le pouvoir de faire disparaître dans les chiffres et dans les pourcentages des éléments qui, au contraire, pourraient être source d'une réflexion critique s'ils étaient interpellés à l'aide d'instruments qualitatifs et non seulement quantitatifs.

L'énorme cercle où sont représentés les 40 % de femmes, parmi les producteurs, apparaît dans presque tous les rapports et dans presque toutes les présentations d'Helvetas et du Mobiom entre les années 2004 et 2008. Non seulement il ne donne aucune information sur l'identité sociale de ces

femmes, mais il finit par lire de façon neutre, voire positive, une donnée qui était déjà, comme nous l'avons vu, le symptôme d'un problème.
L'utilisation graphique de ces données, souvent employée pour communiquer avec la Suisse, finit alors par recouvrir la fonction très postmoderne de laisser ouvertes toutes les interprétations possibles. Les agents sont conscients de l'écart culturel qui les sépare non seulement de la direction suisse d'Helvetas, mais aussi de leurs partenaires financiers. Cette façon de traiter les données va permettre ainsi à chacun de voir ce qu'il souhaite.
De fait, le motif qui légitime ce type de méthode est encore une fois le manque de temps. Tous les agents sont quotidiennement confrontés à la pratique de l'écriture. En revanche, il y a seulement un lecteur de leurs rapports et il s'agit, bien évidemment, de la direction d'Helvetas Mali et de celle d'Helvetas Suisse. Chaque agent entretient des relations continues avec Helvetas Suisse et sa direction, mais pas forcément avec son voisin de bureau. Ainsi, l'on ne s'étonnera pas d'apprendre que le responsable du futur programme « Filières biologiques » n'était pas informé du non-paiement des noix de karité et d'autres questions que le Mobiom aurait dû lui transmettre. Si la communication est aussi lente et difficile parmi le personnel du même programme, elle est totalement nulle entre programmes différents. En fait, chaque programme ne s'adresse qu'à la direction centrale : c'est avec elle qu'il communique et c'est d'elle qu'il reçoit les directives à appliquer.

La case de passage de Bougouni est fréquentée non seulement par les mono-équipes qui la traversent pendant toute la semaine, mais aussi par des *« évaluateurs »*. Les projets d'Helvetas reçoivent à une fréquence très élevée cette forme de contrôle commandité parfois par Helvetas Mali et parfois par Helvetas Suisse.

Souvent, le départ des évaluateurs est reporté puisque le consultant n'arrive pas à rassembler les responsables du programme pour pouvoir être écouté.
Ce fut le cas pour une « Étude sur le financement du coton biologique au Mali » où l'on ne parvint pas à organiser la restitution de l'évaluateur burkinabé, ni avec le Mobiom ni avec la direction d'Helvetas. Il partira sans avoir reçu l'écoute de ses interlocuteurs locaux, mais à cela personne ne vit rien de grave puisque sa mission avait été commanditée par la Suisse et qu'après tout, c'était elle le destinataire final de son rapport.
D'un côté, les expériences de terrain sont donc tellement multiples, différenciées et concentrées dans des espaces temporels si brefs qu'il est impossible pour les agents d'Helvetas d'en faire une synthèse. Mais de l'autre, l'emploi de technologies non discursives dans le travail empêche toute élaboration et tout partage de la réflexion critique.
Les monades d'Helvetas ne sont ni des acteurs ni des individus puisque, au contraire, en elles tout est divisé ; et cette division les empêche d'être les seules responsables de leurs actes. En fait, leur action dépend d'un dehors qui les dirige.
Les monades d'Helvetas sont ainsi séparées les unes des autres. Elles sont exclues de leur capacité de coproduction, étant prises dans un système où elles coopèrent avec le haut et les bas – la direction d'Helvetas et les destinataires de son aide –, mais pas entre elles.
Pour cette capacité à s'autolimiter de l'intérieur par le biais de ses mêmes mécanismes de fonctionnement, l'ONG est en elle-même un dispositif (Foucault, 2004).

L'attribut *transnational* est sûrement celui qui, mieux que d'autres, peut qualifier ces monades qui constituent Helvetas Mali.

À la différence de « global » qui suggère l'idée d'un espace figé, dans une dimension temporelle définie aussi bien que vague, l'adjectif transnational répond bien à l'exigence de représenter un mouvement précis : celui d'un franchissement continu.
C'est une image qui exprime bien le quotidien de ces monades lorsqu'on les regarde en action sur le terrain.
En fait, ces monades, plutôt qu'habiter un lieu homogène métalocal, semblent traverser chaque jour *des espaces et des temporalités fragmentés.*
Dès que l'on rentre dans les bureaux d'Helvetas, l'on a le sentiment d'être loin du Mali, mais l'on n'est pas non plus dans un espace qui peut prétendre à une quelconque proximité avec celui du siège d'Helvetas en Suisse.
Helvetas peut bien se doter de générateurs, les coupures constantes d'électricité finissent par avoir une influence sur son travail, de la même manière que l'état des routes qui rend difficile et long chaque déplacement, même à bord de ses grosses voitures.
Les moyens que l'ONG apporte sur le terrain l'aident sûrement à faire abstraction de toutes les contraintes qui contribuent à construire la temporalité spécifique du Mali, mais elles sont loin d'être celles de la Suisse ou celles d'un prétendu métaespace uniforme et global.
De la même manière, la région de Bougouni et la façon dont les activités d'Helvetas ont pu la transformer ont changé sa configuration par rapport aux autres régions du Mali. Un discours analogue est valable pour les villages qui participent à ses projets.
Et pourtant, l'on n'est pas en mesure d'affirmer que, pour cela, ils seraient inclus dans une quelconque dimension globale qui uniformise l'espace et les temps, dans un métaniveau dépourvu de toute sorte d'ancrage dans le local.
Il n'en reste pas moins que ces différentes temporalités produisent effectivement des fractures spatiales qui peu-

vent être appréhendées comme autant d'effets de la globalisation. Cependant, l'expérience de ces espaces empêche toute sorte d'interprétation binaire qui se limiterait à lire les phénomènes contemporains à travers une opposition dualiste entre local et global.
La région de Bougouni est désormais connue au Mali comme la *« région Helvetas »* pour l'implantation, ici, de l'un de ses sièges, mais aussi pour les transformations qui ont investi le territoire depuis son arrivée. Et les améliorations que j'ai pu enregistrer dans le village de Sibirila, tout au long des trois ans qui ont constitué le terrain de cette étude, sont aussi évidentes. Mais si l'on compare le quartier de l'Hippodrome de Bamako où se trouve le siège principal d'Helvetas, avec le village de Sibirila et avec Bougouni où l'implantation régionale et la case de passage d'Helvetas sont situées, on est loin de pouvoir y lire la configuration d'un espace homogène, même s'ils sont tous des *espaces Helvetas.*
Les agents techniques qui, comme Bamba, gèrent les coopératives de producteurs de coton bio-équitable sont obligés de travailler aussi le week-end ou les jours de fête pour respecter les programmes conçus non en Suisse, mais simplement à Bougouni.
Et cela, parce que de Bougouni à Sibirila, l'on observe déjà des temporalités différentes, et même si l'on parcourt le territoire avec les motos fournies par le Mobiom, l'on est obligé de se plier à des espaces qui continuent à être modulés sur la base de vitesses différentes.
Comment faire pour synchroniser les activités prescrites par le Mobiom qui, sur le papier, n'occupent même pas une ligne avec le temps nécessaire pour rassembler les paysans sous l'arbre à palabres, pour laisser le débat se dérouler dans l'assemblée dans le respect de la façon par-

ticulière dont les Samaké gèrent leur parole[7] ? Comment mesurer tout le temps nécessaire pour parvenir à des conclusions et assister les producteurs lorsqu'ils doivent se confronter à la tâche difficile de l'écriture afin d'enregistrer des bilans ou des prévisions de production ?
Ainsi, sur le terrain, l'on observe une constante fragmentation des espaces et des temps contenus dans les mêmes territoires géographiques.
Il est impossible de lire ces espaces comme une alternance de global et local puisqu'ils dépassent largement le nombre de deux, et l'on ne saurait pas non plus lequel de ces « global » ou de ces « local » choisir pour les représenter tous. De la même manière, il est impossible de lire chaque local comme une miniature du global, capable de répliquer dans le bas ce qui se passe dans le haut. Ce genre de représentations se caractérise par un degré élevé d'abstraction qui éloigne trop des réalités visibles sur le terrain et qui sont d'ailleurs les seules dont on peut faire l'expérience.
En fait, l'observation directe de ces phénomènes, rendue possible par l'ethnographie, permet de décrire l'expérience du global comme l'ensemble de toutes ces localités différentes. Puisque c'est ainsi qu'il se présente à nos yeux.
De cette manière, il est possible d'expliquer la présence, à l'intérieur des mêmes frontières nationales, d'espaces différents qui coexistent sans pour autant devenir des lieux. L'espace et le temps, loin de se fondre, non seulement restent des catégories séparées, mais leurs multiples com-

[7] Les habitants de Sibirila gèrent la parole d'une façon très particulière. À Sibirila les échanges suivent un circuit spécifique modulé sur la différence d'âge et donc de statut de ses interlocuteurs. Ainsi, un jeune homme ne peut pas s'adresser directement à un ancien du village. Dans un premier temps, la parole du jeune est traduite par un autre adulte, plus âgé que lui. Ensuite, d'autres membres de la communauté, dont l'âge se rapproche de celui du destinataire final, continueront à faire circuler cette parole de manière progressive. La réponse de l'ancien suivra le même circuit, mais en sens inverse.

binaisons créent une énorme variété de lieux. Et le temps, compris comme mouvement nécessaire pour traverser l'espace, continue à être la seule variable capable de les qualifier.
Selon cette configuration, le global n'existe que comme l'ensemble des intégrations locales. Et la même Helvetas, loin d'être un espace global, ne serait qu'un local qui, de la Suisse, chercherait à s'étendre jusqu'à rejoindre d'autres localités du monde, entraînant une différenciation des territoires qui est transversale aux frontières nationales.
L'avantage d'une conception capable de représenter le global comme l'intégration des différents « local » est qu'elle permet ainsi d'interpeller et de questionner la façon dont on procède à l'articulation de ces espaces.
Loin de l'uniformité non problématique postulée par les tenants du dualisme global/local, une perspective privilégiant l'articulation entre les différentes localités pourrait être révélatrice des inégalités entraînées par ce processus. Qu'il s'agisse du surcroît de travail des opérateurs techniques pour combler les différentiels entre certains de ces lieux ou la marginalité dans laquelle retombent ceux qui n'arrivent pas à s'aligner sur les autres.
C'est dans ce sens, à partir de l'expérience de ces espaces et de ces temporalités fragmentés et rencontrés tout au long de ces terrains d'étude, qu'il a été possible de s'imaginer et de se représenter le global comme une toile qui parcourt et sépare les territoires dans des carrés de mondes adjacents, mais de plus en plus étrangers.

CHAPITRE VII

LE MÉCANISME DE L'ÉVALUATION

Les techniques de gouvernement qui agissent sur Helvetas Mali de l'intérieur, à travers les dispositifs structurant l'organisation du travail, se combinent avec d'autres qui, de l'extérieur, interviennent de manière apparemment plus visible.

Les évaluations dont Helvetas Mali fait périodiquement l'objet représentent un premier type de technique qui permet la mise en place et l'exercice de ce pouvoir.

Tout au long du terrain sur lequel cette recherche s'appuie, il a été possible d'assister à un nombre important d'évaluations que les différents projets d'Helvetas Mali recevaient périodiquement. La plus importante, par le domaine et par la façon dont elle a été organisée, a été l'évaluation du programme Coton bio-équitable.

Il s'agissait d'une évaluation « de phase », c'est-à-dire une évaluation globale sur les dix ans de fonctionnement du programme.

Néanmoins, si l'observation de cette évaluation s'est révélée aussi féconde, c'est seulement parce qu'il a été possible de suivre l'impact de ses résultats sur l'élaboration du nouveau ProDoc, le document de programme d'Helvetas Mali pour les cinq années à venir.

En fait, ce qui a été le plus intéressant, c'étaient non seulement les résultats produits par l'évaluation, mais aussi la façon de les utiliser pour définir la suite des activités. Les activités à venir d'Helvetas Mali ont été décidées de façon conjointe par les évaluateurs indépendants et par une équipe d'Helvetas Suisse venue en mission au Mali.

À un moment donné, Helvetas Suisse, les évaluateurs belges, Helvetas Mali et le Mobiom se sont tous retrouvés sur la même parcelle de territoire. À Bougouni, dans une petite ville du sud du Mali, toutes les unités *fractales*, dans lesquelles Helvetas se *dé-compose*, se sont réunies autour de la même table pour discuter. Les écouter dans l'exposé de leurs différents points de vue et saisir la discontinuité entre les uns et les autres était un moyen de faire l'expérience du global. Encore une fois, le global était visible dans la juxtaposition des éléments différents et de la discontinuité qu'il donnait à voir.

L'évaluation du programme bio-équitable d'Helvetas Mali commence à la fin de septembre 2008 et elle démarre à partir de deux points géographiquement différents qui coïncident aussi avec les extrêmes de l'ONG Helvetas.

Au Mali, la direction du Mobiom prend contact avec un évaluateur local qui effectuera deux visites de terrain préalables, à Yanfolila et à Kolondiéba.

Simultanément, Helvetas et les représentants d'ICCO rencontrent aux Pays-Bas un deuxième évaluateur.

Les deux consultants se rejoignent à Bougouni où, le 15 octobre, débute l'évaluation. La première réunion se déroule au siège du Mobiom à Bougouni, et elle voit la participation du Mobiom, de l'équipe Coton bio-équitable d'Helvetas Mali et des deux consultants.

Les travaux s'ouvrent avec un mot d'accueil du président du Mobiom, Moussa Samaké, qui, avec son allure austère et sa voix grave, souhaite la bienvenue aux participants et procède à ses bénédictions. La langue de rigueur est le bambara. Le consultant belge offre au président du Mobiom une boîte de biscuits produits localement dans sa ville de provenance. Après ces échanges presque cérémoniels, la réunion commence.

À partir de cette première rencontre, les positions des uns et des autres vont s'organiser autour de deux axes principaux. D'un côté, les consultants pour lesquels les problèmes rencontrés dans la mise en place du projet ne sont que de nature *technique* manifestent des attitudes fortement critiques vis-à-vis des capacités professionnelles d'Helvetas Mali et du Mobiom.
De l'autre, Helvetas Mali et le Mobiom qui se défendent, mettant en avant à plusieurs reprises l'influence néfaste du contexte local particulièrement difficile, et les inégalités entraînées par la mondialisation.
Les deux perspectives s'affronteront sur chacun des points de discussion à l'ordre du jour. Et là où les consultants dénonceront une faille technique et professionnelle, les autres répondront avec des postures et des discours plus politiques. Inversement, la dénonciation, par Helvetas Mali et le Mobiom, du caractère politique de certaines situations sera régulièrement refroidie par la recommandation d'une meilleure professionnalisation. Tout au long de la réunion, l'on observe, de la part des consultants, l'exercice d'une pression constante pour neutraliser et dépolitiser ces questions à travers leur conversion en problèmes techniques. L'équipe d'Helvetas Suisse fera la même chose pendant la programmation des activités de la nouvelle phase du programme.
Tout d'abord, les consultants dénoncent les médiocres niveaux de productivité des parcelles de coton bio-équitable. La quantité insuffisante de fumures organiques apportée aux sols est retenue comme la cause principale de rendements aussi bas. Les raisons avancées pour l'expliquer vont de l'insuffisance des maîtrises techniques à des formes de *« résistance »* sociale ou culturelle des paysans qui seraient des obstacles à ce genre de technique agricole. Ensuite, ils critiquent le choix du Mobiom d'étendre le projet à d'autres zones plutôt que de se

concentrer sur la consolidation de celles déjà incluses. Et, tout en restant dans la même optique, ils s'interrogent sur la pertinence de la décision de s'engager dans la production d'autres produits biologiques lorsque les volumes de coton n'ont pas été totalement atteints.

La réponse du directeur du Mobiom, autour de ces questions aussi spécifiques, a l'effet d'élargir le champ de vision, d'un seul coup, en entraînant un changement total de perspective.

Évitant de répondre directement aux commentaires des consultants, il invite à replacer les choses dans leur contexte lorsqu'il suggère de considérer, d'abord, les particularités locales du pays au moment du lancement du projet « Coton bio-équitable ».

Ainsi, il invoque le monopole de la CMDT sur le secteur cotonnier, et sa méfiance initiale à l'égard de l'agriculture biologique. Il précise aussi qu'à ce monopole sur le coton correspondaient des techniques de production spécifiques basées sur l'utilisation des pesticides. Un système qui avait fini par fidéliser les paysans dès lors qu'ils avaient pu constater les impacts positifs que les pesticides avaient sur la production du mil, leur principale ressource alimentaire.

Les bénéfices des pesticides sur la production alimentaire sont présentés comme la raison principale qui explique encore la préférence des producteurs pour le coton conventionnel ainsi que leurs difficultés à maîtriser la production et l'utilisation de la fumure organique. De plus, l'entrée chaque année de nouveaux producteurs participe de manière indirecte à une baisse générale de la production.

Si tel était le contexte local au début du programme Coton, la suite n'a pas été plus favorable. En effet, la crise de la CMDT et du système Coton dans son ensemble a entraîné un grand découragement et une grande méfiance envers cette culture. À ces causes, disons historiques, le directeur du Mobiom ajoute des causes économiques visibles dans un élevage de type encore extensif, disposant de faibles équipements, aussi bien pour la production de la matière organique que pour toutes les autres tâches prévues dans l'itinéraire technique. Enfin, il cite les causes naturelles telles que le retard des pluies et la désertification croissante des sols.

Après cet aperçu sur les obstacles locaux pour la mise en place du programme, le ton change avec l'adoption d'une nouvelle perspective qui s'élargit davantage dans le but de représenter la position du Mali dans le contexte global international.

Alors ce sont les inégalités, à la fois utilisées et produites par la mondialisation, et la difficulté pour le coton malien d'être compétitif sur les marchés internationaux qui sont invoquées, ainsi que la compétition déloyale de certains pays. À ce propos, le directeur du Mobiom indique aussi les dommages subis par le Mali qui fixe ses prix sur la base de l'euro et non du dollar, comme c'est le cas de l'Inde.

Les questions se font de plus en plus spécifiques lorsque le directeur du Mobiom dénonce l'augmentation, par Fairtrade Labelling Organisation, du prix du coton malien, entraînant ainsi sa baisse de compétitivité sur les marchés. Il signale, de surcroît, qu'à cette augmentation correspond une diminution du prix payé aux producteurs. Il dénonce un système qui entraîne un différentiel important entre les gains des revendeurs, qu'il estime à 40 %, et ceux des producteurs limités à 2,5 %. De la même façon, il accuse le désengagement soudain des partenaires commerciaux qui, à Selingué, avaient été porteurs d'une demande importante de coton qui n'avait pas été honorée par la suite. Et c'était justement pour répondre à cette demande que le Mobiom n'avait pas trouvé d'autre solution que

l'extension des zones de production. Le directeur du Mobiom pointe du doigt les dérives du commerce équitable : « *Nous ne voulons pas de la charité, mais seulement que les principes d'équité et transparence qui ont donné naissance au commerce équitable soient respectés* ». Et à l'observation de l'un des consultants qui l'invite cyniquement à considérer le commerce équitable comme un commerce quelconque, il répond de manière lapidaire : « *Il ne faut pas rester dans l'injustice* ».
La position du directeur du Mobiom est claire et nette : il ne veut pas rentrer dans un système ou l'économie se fait en détruisant le social. Sa fonction est aussi de défendre les intérêts des producteurs et il ne veut pas renoncer à le faire.
Ainsi, explique-t-il, il a été nécessaire d'introduire la culture d'autres produits biologiques, parce que, d'abord, c'est le système de rotation qui le prévoit. De plus, compte tenu des rendements médiocres du coton, cela pouvait être une façon de diversifier avant tout *« les risques ».* Mais surtout, il attire l'attention sur les propriétés spécifiques de l'agriculture malienne où il n'est pas question de séparer de façon nette une production du reste des produits cultivés pour les besoins alimentaires des familles : « *Ici, nous sommes encore dans une agriculture de subsistance* ».
La discussion prend la forme d'un dialogue de sourds, lorsque les consultants rebondissent sur l'importance de s'ajuster sur les allures du marché, étant donné l'« *impossibilité de changer le monde* ». Le Mobiom répond en dénonçant les changements soudains qui rendent les marchés absolument non fiables et la volonté de sa part de protéger les intérêts et l'autosubsistance de ses producteurs.
Les débats continuent à s'articuler autour des questions de politique économique, en montrant la totale opposition entre les visions dont les deux segments sont porteurs. La

concurrence due à l'arrivée, au Mali, d'autres acteurs dans la production biologique qui avait été classée parmi les « difficultés » dans la fiche « MENACES » du PowerPoint du président du Mobiom est, au contraire, positivement interprétée par les consultants. Ils mettent en garde le Mobiom sur les risques de dérives monopolistes, comme éprouvés par l'histoire de la CMDT et ils évoquent les impacts positifs d'un système concurrentiel. De la même façon, ils découragent toute forme de gestion *« communautaire »* ou *« sociale »* du projet en soulignant que le Mobiom n'est pas là pour jouer un rôle politique, mais pour faire du commerce.

Le dernier point concerne le Plan d'affaire du Mobiom qui est qualifié de *« très ambitieux »* dans le rapport final, mais qui, en fait, devient l'objet de vigoureuses critiques. Le Mobiom a des coûts de fonctionnement trop importants qui découlent de sa prétention à occuper plusieurs rôles à la fois. De plus, les grandes quantités de coton restées invendues l'année précédente sont analysées comme la preuve des capacités très médiocres du Mobiom en matière de connaissance et de gestion des marchés. Le plan financier du Mobiom et la façon dont il avait été présenté (pas suffisamment de tableaux, pas de pourcentages) démontraient à leurs yeux les graves lacunes professionnelles du Mobiom.

La réunion se conclut par les recommandations finales des deux consultants. Ils invitent à travailler avec d'autres institutions d'agriculture biologique, à créer une institution capable de les rassembler toutes, et à envisager toujours le coton bio-équitable comme un marché de niche. Ils exhortent le Mobiom à retrouver les 40 % de femmes productrices qu'il avait en 2005, mais qu'il a progressivement perdues, *« puisque le coton biologique comme ressource pour les femmes est un message qui fonctionne bien, d'un point de vue marketing »*. Pour la même raison, les

consultants invitent à investir davantage d'efforts dans le secteur de la production de l'artisanat local qui pourrait être une rente ultérieure pour le programme.
En ce qui concerne la volonté du Mobiom d'avoir un label propre et d'utiliser aussi d'autres plantes pour le traitement du coton, les consultants se disent encore sceptiques, rappelant les risques de sortir d'un système de réglementations internationales.
Après plus de cinq heures de discussions, la réunion se termine. La première scène de cette pièce qui allait durer quinze jours s'arrête là.

Les consultants restent quelques jours sur place, à Bougouni, pour rencontrer d'autres acteurs de la filière coton comme la CMDT, Biotrade, le syndicat des producteurs de coton, ainsi que les autres partenaires d'Helvetas : Oxfam, ICCO, SNV. Ces rencontres formelles alternent avec des visites de terrain où les consultants vont au-devant des producteurs pour discuter. De mon côté, j'ai l'occasion de les croiser à la case et de dîner, parfois, le soir avec eux.
On parle du Mali, du coton et du développement. Ils me font part de leurs impressions. Ils attendent aussi les miennes et ce que, en tant qu'étudiante en anthropologie, j'aurais pu observer des attitudes culturelles ou sociales chez les paysans qui seraient des « obstacles » à la mise en place du projet, notamment en matière de production et d'utilisation de la matière organique. Ils cherchent une confirmation de leur hypothèse principale, selon laquelle les femmes n'y ont pas accès à cause de leur position marginale dans le ménage. Mais mes réponses ne les confortent pas.
Ensuite, l'on m'adresse une question toute rhétorique sur le type de rationalité économique qui peut amener un producteur à utiliser l'argent *« bio-équitable »* pour prendre une autre femme, une *« femme bio »,* plutôt que d'investir

dans un moyen de production électrique, par exemple un tracteur. Je laisse un sourire répondre à ma place.
À Sibirila, seule une exploitation était pourvue d'un tracteur. C'était celle du président du Mobiom qui, pendant mes visites à Sibirila, m'avait fait part de ses problèmes liés au fait qu'il n'arrivait pas à trouver les pièces nécessaires pour le réparer et le faire marcher à nouveau. Ainsi, toute sa production était endommagée, car à Sibirila, ce sont les moyens de production qui définissent l'extension des terrains que les producteurs cultivent. Dans ce contexte, le choix de prendre une femme pour partager les tâches domestiques et augmenter le nombre de travailleurs dans un ménage n'est pas aussi difficile à comprendre. À Sibirila, la famille reste le moyen de production le plus fiable dans lequel investir.
En revanche, il est beaucoup plus compliqué pour les Maliens (et pas que pour eux) de comprendre à quel type de « rationalité économique » correspondent les salaires vertigineux versés aux consultants dans le cadre des projets de développement. Des rumeurs courent autour du salaire stratosphérique reçu par l'évaluateur belge, si bien que quelqu'un ne peut s'empêcher d'exprimer l'opinion (d'ailleurs très répandue) selon laquelle « *l'argent des projets de développement sert notamment à payer les salaires des consultants* ».
Ce type de contradictions est bien connu dans le monde du développement, et ce sont elles qui génèrent un certain cynisme parmi ses acteurs, y compris le consultant belge. Dans le domaine du développement, le cynisme semble être partie intégrante du métier.

L'évaluation se poursuit entre brèves missions de terrain et rencontres particulières avec les agents du programme Coton bio-équitable du Mobiom et d'Helvetas Mali.

Entretemps, une équipe d'Helvetas Suisse arrive à Bougouni pour la planification des activités d'Helvetas Mali, pour les cinq années à venir.
L'équipe d'Helvetas Suisse, les consultants, le personnel du Mobiom et de tous les programmes d'Helvetas Mali se retrouvent pour la restitution finale, à Bamako. C'est la fin du mois d'octobre, et le choix du lieu pour cette rencontre si particulière se porte sur les locaux du musée de Bamako.
La journée est organisée en deux sections. La première prévoit la décomposition du groupe en petites unités de travail, et la deuxième une séance plénière de discussion avant la clôture des travaux. Tout Helvetas Mali est présent, y compris sa directrice, Anne-Sophie.
Les ateliers portent sur deux questions principales : le développement de la transformation locale et des marchés locaux, et la gestion des activités économiques. Le premier atelier est dirigé par le consultant belge et se compose notamment des membres d'Helvetas Mali, et le deuxième est conduit par le responsable des projets bio-équitables auprès d'Helvetas Suisse. Ce dernier atelier s'adresse spécifiquement au Mobiom et à l'organisation de ses activités.
Dans l'atelier consacré aux activités économiques, l'on assiste de nouveau à l'opposition de deux politiques économiques divergentes. Cette fois, contre l'approche *« communautaire »* et *« politique »* reprochée au Mobiom, c'est Helvetas Suisse qui essaye de faire valoir une approche économique plus libérale.
Ainsi, l'équipe suisse suggère la spécialisation du Mobiom dans les seules activités d'achat et de vente des matières premières. Elle invite le Mobiom à limiter son rôle à celui de médiateur entre les coopératives et les acheteurs. Elle rappelle au Mobiom et à son directeur qu'ils ne sont plus des *« prestataires de service »,* mais qu'ils doivent désor-

mais se charger seulement de la commercialisation. Le responsable Coton bio-équitable d'Helvetas Suisse, souligne que, dans le plan du Mobiom, la recherche du profit n'apparaît nulle part. C'est un manque grave qu'il suggère de réparer à travers une *dé-composition* du conseil d'administration, visant à séparer l'unité directionnelle de l'unité commerciale. La séparation de deux centres de compétences aura ainsi la fonction de libérer l'unité commerciale des contraintes *« idéologiques »* dont est porteuse la direction.

La réponse du directeur du Mobiom s'exprime par un refus net. Le Mobiom veut rester une organisation qui travaille au profit de ses producteurs, et toutes les décisions commerciales doivent être validées par l'esprit politique du *« non-profit »*. Il envisage de continuer à travailler dans une symbiose entre le politique et le commercial, convaincu que le profit serait seulement un élément perturbateur destiné tôt ou tard à rompre tout équilibre.

Et pour renforcer ses maigres ressources, le directeur du Mobiom dit vouloir s'appuyer sur les financements des autres partenaires comme Oxfam, la Région Bretagne, l'AFD. Le responsable suisse signale l'énorme erreur qu'il y a à considérer les partenaires comme source de revenus économiques et il l'exhorte à ne pas mélanger les deux fonctions.

Mais aussitôt, le président du Mobiom commettra encore une grande erreur aux yeux de l'équipe suisse lorsqu'il avouera le besoin d'une *« protection »* de la part de l'État malien. Les yeux du responsable suisse s'écarquillent en entendant cette déclaration à laquelle il réagira en affirmant que l'État doit être envisagé comme un partenaire, mais pas comme un protecteur. C'est la première fois que j'entends parler de l'État malien, et ce n'est pas un hasard, étant donné les types de relations transversales entre États que le système de coopération des ONG met en place.

Mais à écouter les protagonistes de ce débat, cette absence informe davantage sur les deux visions totalement opposées en matière de politique économique. Dans le modèle libéral que la Suisse cherche à exporter au Mali, l'État est et doit rester un interlocuteur, voire un partenaire. Il ne doit avoir aucune fonction protectionniste qui, dans la langue du directeur du Mobiom, veut dire *« défense »,* et dans celle du responsable suisse, *« limitation des libertés ».*

Plus calme, au moins en apparence, semble l'atelier sur le développement de la transformation locale et des marchés locaux.

À Bougouni, au début de l'évaluation, le consultant belge s'était dit opposé aussi bien à la création d'un label malien qu'à l'ouverture des marchés locaux aux produits biologiques ainsi qu'aux activités nécessaires pour leur transformation. En l'espace de dix jours, son avis avait changé au point de consacrer un atelier à cette possibilité. Il recommande aux membres d'Helvetas de mener d'abord une enquête sur la faisabilité de cette initiative et sur les moyens à disposition pour promouvoir un tel genre de marché sur place.

Les travaux des ateliers terminés, tout le monde se retrouve dans la grande salle de réunion du musée pour la séance plénière.

La parole est au consultant belge. Après avoir invité Helvetas Mali à prendre encore en charge les activités d'appui à la production biologique, il énumère toute une série de risques concernant le Mobiom. Les activités qu'il prétend mener sont nombreuses et il ne semble pas encore disposer de toutes les compétences nécessaires pour l'accomplir.

Le consultant belge accuse directement le bureau d'Helvetas Mali chargé de la commercialisation du coton bio-équitable. Non seulement il s'adresse à une personne spécifique (étant donné que le bureau n'est composé que d'un seul agent), mais il repère aussi la cause dans le fait qu'il s'agit d'un salarié d'une ONG et non d'un entrepreneur. Encore un affront visant le manque de professionnalisme et les attitudes *« sociales »* du personnel des ONG. Si l'accusation a pu être formulée de façon aussi directe, c'est aussi parce qu'elle est adressée à l'unique Blanc parmi les employés d'Helvetas Mali. À la suite de cette évaluation, il sera éloigné du bureau commercial.

L'équipe d'Helvetas Suisse souligne l'importance de regarder le marché en termes de compétitivité et pas seulement de vente, de contacter plusieurs acheteurs différents pour séparer les risques, et de penser à améliorer le système d'exploitation dans toutes ses étapes.

Reviennent les interrogations sur la production de la matière organique ainsi que celles concernant le nombre de moins en moins important de femmes dans la production du coton bio-équitable. Ces deux questions prouvent, une fois de plus, la totale extranéité de ces consultants et de l'équipe d'Helvetas Suisse par rapport à la réalité locale.

Les paysans du sud du Mali ne sont que des producteurs, ils n'ont pas d'élevages assez importants pour produire autant de matière organique. Dans les exploitations qui possèdent des animaux, ceux-ci se baladent dans les cours des maisons puisque l'élevage n'est pas intensif.

À propos de la diminution des femmes et de l'augmentation des hommes parmi les effectifs, cette situation révélait simplement le signe d'une conversion que, finalement, les hommes étaient en train d'accepter. Au début, la participation des femmes traduisait seulement un signe de la faiblesse du programme. Entretemps, en Suisse, il était devenu le signe d'une réussite sociale et économique pour les *« femmes africaines »*.

Devant cette distance, ce manque total de connaissance et de considération pour la réalité locale, la tension monte dans la salle.

Et c'est le directeur du Mobiom qui prend la parole en premier. Le ton est rigide, la voix ferme. Il affirme la nécessité d'assurer d'abord la sécurité alimentaire de ses producteurs. Il se dit convaincu des bénéfices de l'agriculture biologique puisque c'est un système qui protège la santé des producteurs et qui peut permettre de varier de façon importante l'alimentation des paysans. Pour cette raison, il envisage la transformation du coton biologique en un système valide pour l'exploitation entière qui fonctionne avec la même technique. Il souligne les risques des productions conçues pour l'exportation et, à leur place, il souhaite le développement des marchés locaux puisque les Maliens, aussi, ont le droit de consommer des produits sains.

Pour soutenir ses propos, cette fois c'est la directrice d'Helvetas Mali qui intervient et elle affirme que la diversification des produits biologiques a été poursuivie dans le but précis de remplacer une *« orientation marché »*. Elle reproche à Helvetas Suisse son attention excessive pour l'exportation et pour les approches de filière intégrée. Le ton de sa voix se durcit quand elle reproche la *« mémoire brève »* d'Helvetas Suisse qui mène des missions de terrain trop courtes et trop rares. Elle aussi met en avant la *« survie »* des producteurs et la nécessité de les *« protéger »* d'un marché qui, équitable ou non, frappe toujours les plus faibles. Penser à développer un système d'exploitation biologique ou naturelle, des marchés locaux pour la vente et l'échange de ces produits signifie, à son avis, faire du développement. Et c'est le choix qu'elle défend contre l'autre qui ne consiste qu'à faire du commerce.

Elle termine son intervention en déclarant qu'il est impossible de tout décider de l'extérieur, et que les producteurs connaissent mieux que les *« experts »* ce qu'il faut produire pour continuer à garder un équilibre avec leur propre environnement : « *Nous ne pouvons pas dire aux paysans ce qu'ils doivent produire* ».

Voilà comment les justifications pour les variations assumées par le programme, tout au long de sa mise en place, sont reconduites dans le registre de la *« survie »*. La défense de la *« sécurité alimentaire »* est alors employée comme le facteur déterminant pour faire face aux risques liés aux marchés internationaux et à ses exportations.
Ces dernières interventions montrent le double rôle du segment ultime dans lequel ces grandes structures transnationales se décomposent : d'abord, essayer de tirer les différents locaux au-delà des frontières nationales pour les inclure dans le réseau de cette énorme toile mondiale. Et surtout, par la suite, les secourir lorsqu'ils tombent dans un de ses trous.
Les paroles d'Anne-Sophie informent aussi sur la particularité du contenu que le développement assume dans le contexte des ONG : garder l'équilibre entre l'environnement et les hommes qui l'habitent.
Cependant, la solution envisagée par Helvetas Mali et par le Mobiom n'est qu'une possibilité parmi un nombre indéfini d'autres. De plus, ce n'est pas à travers l'idée de construire des marchés locaux qu'Helvetas peut effectivement sauver des vies. Néanmoins, si plus tard ce choix s'est montré pertinent, c'est seulement parce qu'Helvetas, tout au long de ces années, aura construit tout un contexte capable de l'accueillir, à partir de la fabrication de producteurs de coton bio-équitable. C'est le système construit par Helvetas qui rend ses décisions performantes.
Et ce contexte a été forgé en croisant les conjonctures internationales avec les résultats qu'elle pouvait, chaque jour, percevoir sur le terrain. Il ne s'agit absolument pas de développement local.

Ce qui était prévisible était cette opposition entre les différentes interprétations du réel, dont les consultants, les segments d'Helvetas Suisse, Helvetas Mali et le Mobiom sont porteurs. D'ailleurs, j'avais pu être présente aux réunions préparatoires entre le Mobiom et Helvetas Mali ; ces réunions au cours desquelles j'avais assisté, pour la première fois, à un rapprochement entre ces deux segments en vue de la visite de l'ennemi commun.
Et d'ailleurs, il était compréhensible que la variation en potagers naturels pour les marchés locaux d'un programme conçu, au départ, pour la production de coton bio-équitable destiné à l'exportation puisse provoquer de grands débats.
Ce qui était moins évident, c'était la façon dont Helvetas Suisse gérerait cette transformation.

Le texte final de l'évaluation montre un changement considérable dans la façon dont les consultants jugent les activités d'Helvetas Mali et du Mobiom par rapport à la réunion initiale qui avait ouvert les travaux de l'évaluation.
Dans le rapport rédigé par les deux consultants indépendants, quelque chose d'intéressant apparaît déjà dans l'énumération, toujours aussi schématique et synthétique, des objectifs de l'évaluation.
En fait, non seulement les deux consultants s'engagent à analyser les résultats atteints par le programme ainsi que les instruments et les options prises en termes d'approche, mais ils s'engagent aussi à *« proposer des adaptations par rapport aux orientations du programme à venir »* (Diakité, van der Krabben, 2008 : 5).
Ce propos sera ensuite développé dans le point n° 4 où ils déclarent vouloir :

« *Proposer pour la dernière phase (2009-2011) des* ***axes stratégiques*** *et des actions qui permettent une autonomisation de la filière et un retrait d'Helvetas à la fin de 2011.* »

L'intérêt de cette première page du rapport, ce ne sont pas seulement les objectifs que les consultants déclarent vouloir atteindre, c'est surtout la finalité que l'évaluation se pose à elle-même. Cette évaluation se présente comme un simple *contrôle* sur la correspondance entre les résultats et les objectifs, mais avant tout comme l'« *intégration stratégique* » des résultats, de quelque nature qu'ils soient, dans le nouveau programme.

Ce qui fait tout l'intérêt de cette évaluation puisque, dans ses pratiques, elle nous informe sur un type de pouvoir qu'ainsi elle conforte.

Un pouvoir qui ne se configure pas comme une force qui s'exerce de l'extérieur, mais comme un processus qui s'organise à travers la gestion stratégique des différences qui surgissent au-delà de son contrôle.

La façon dont le rapport est présenté manifeste le souci de donner, chaque fois, un aperçu clair des contextes, local et international, particuliers qui, au moment du démarrage des travaux, ne semblaient pas trop intéresser les consultants.

Cependant, ils ne figurent pas l'un après l'autre, mais ils font référence à deux parties différentes du document.

Une esquisse du contexte local est placée en guise d'introduction au chapitre relatif à « L'analyse des résultats par rapport aux objectifs du ProDoc ». En revanche, la description des conjonctures internationales est classée dans le chapitre suivant : « Analyse critique des options prises par le programme de promotion de coton bio-équitable ».

Ce genre d'association entre les contextes et les analyses laisse entendre au lecteur qu'il existe des relations entre ceux-ci et les résultats.
Le fait d'associer le contexte international aux décisions prises par Helvetas Mali nous apprend qu'elles dépendent donc de ce contexte international. Ce type de schématisation revient dans tous les documents internes, y compris celui du ProDoc, le document de programmation pour les années 2009-2011.
Par la suite, le document énumère les résultats obtenus en matière de productivité, de responsabilisation des acteurs de la filière et de gestion financière du projet, par le Mobiom. Dans le chapitre V, consacré aux « Éléments de réflexions stratégiques et actions qui permettent l'autonomisation de la filière en cas de retrait d'Helvetas », les consultants, dans un double souci de *« valoriser les opportunités et de limiter les incertitudes »*, intègrent simplement aux objectifs originaux du programme les résultats qu'ils ont trouvés sur place.
Ainsi, la nécessité de développement des marchés locaux et la transformation locale envisagées par Helvetas Mali et le Mobiom s'articulent autour du développement des marchés internationaux, comme prévu au départ du programme.
De la même manière, l'on voit la diversification des productions se combiner avec la production en fonction de la demande, et les actions d'information, plaidoyers et communications avec le développement des capacités entrepreneuriales.
Tous ces éléments ainsi composés seront ensuite transposés dans le ProDoc[8] pour les activités des années 2009-2011, et ils seront assumés comme le point de départ du nouveau programme.

---

[8] ProDoc est l'acronyme du document de programmation arrêté pour les activités des années 2009-2011.

Il a ainsi été possible d'observer le processus qui a porté certaines problématiques faisant, au début de l'évaluation, l'objet de critiques de la part des consultants, se neutraliser sous la nomenclature de *« résultats »*, dans le rapport final.
Ces mêmes résultats apparaissent ensuite comme le point de départ du nouveau document de programme validé également par Helvetas Suisse.
Dans le nouveau ProDoc, Helvetas Mali expose sa nouvelle vision : « Agriculture biologique et Sécurité alimentaire ». Dans une vision de l'agriculture biologique comme entité dynamique en pleine évolution, Helvetas Mali se propose de promouvoir l'approche *« système »* dans les exploitations biologiques et de s'ouvrir à des marchés locaux.

La grande transformation opérée par Helvetas n'a pas le goût de la révolte. Ce sont les accommodations que ces idées pourtant fortement novatrices reçoivent qui l'en empêchent. Il n'y aura aucun affrontement, finalement, tous les segments dans lesquels Helvetas se décompose exprimeront leur accord.
Helvetas Mali a bien exploité ses fonctions réceptives de ce qu'elle appelle les *« risques »*, et elle a proposé les solutions qui s'adaptent le plus à ce contexte qui porte désormais le signe de son passage.
De son côté, Helvetas Suisse a trouvé la façon de neutraliser ces changements en les intégrant et en les articulant à sa démarche initiale. Pour ce faire, elle s'est servie de l'évaluation.
Pas de reproches, pas de tensions, aucun problème n'est à relever entre Helvetas Mali et Helvetas Suisse à la suite de l'évaluation et de la rédaction du ProDoc. Un nouveau cycle Helvetas pourra être lancé le lendemain.

Un seul bémol : le responsable français est écarté du bureau commercial d'Helvetas Mali. Le message est clair : le professionnalisme doit rester la priorité principale, voire l'unique priorité d'Helvetas Mali.

Le contrôle constant sur le professionnalisme d'Helvetas, et l'exigence d'un niveau élevé de technicisation sont les critères fondamentaux qui légitiment les opérations d'Helvetas au plan international. C'est seulement en démontrant ses capacités techniques et professionnelles qu'elle pourra se positionner en tant qu'acteur sur la scène de la coopération internationale. Comme on l'a vu, les ONG n'ont pas un statut préalable à endosser. Leur crédibilité est fortement liée au degré d'expertise dont elles doivent savoir faire preuve face aux organismes internationaux.

Sur la base d'un rapport inversement proportionnel censé exister entre les passions de l'engagement politique et les rationalismes technique et scientifique, une forte pression s'opère sur Helvetas Mali pour que le deuxième l'emporte sur le premier.

Dans ce sens, il est possible d'affirmer que la technicisation et la professionnalisation agissent comme de puissants dispositifs de contrôle sur Helvetas Mali pour que toute ardeur politique soit dissoute dans un rationalisme scientifique.

Cette procédure se montre particulièrement efficace pour deux raisons. Premièrement, elle procède à une neutralisation des problèmes politiques en les reliant à une sphère technique et scientifique. Deuxièmement, ce processus implique l'incorporation et donc l'adéquation de certains éléments du réel à une rationalité scientifique culturellement particulière qui, ainsi, se fait passer pour universellement valide.

C'est pourquoi, l'exigence du professionnalisme technique a la double fonction de discipliner d'un côté les humeurs politiques et, de l'autre les savoirs pratiques, en les obligeant à entrer dans une rationalité qui, loin d'être absolue, est un système de significats et de valeurs historiquement et culturellement déterminés.

CHAPITRE VIII

HELVETAS ET SES PUBLICS : LES NON-GOUVERNABLES GOUVERNÉS PAR LA MORALE

La pression pour une rigueur technique et professionnelle qui s'exerce sur Helvetas n'est pas l'unique ni la plus importante. Une autre force de puissance égale, mais totalement contraire à celle-ci agit sur Helvetas Mali en l'obligeant à l'exercice d'une quête constante d'équilibre entre les deux.

Il s'agit du regard attentif et sévère de celui qui, par le bas, légitime l'existence d'Helvetas : son public.

Les ONG ne sont pas des organisations créées par le droit international, elles ne sont pas non plus la résultante de processus démocratiques nationaux ou transnationaux.

Les ONG ne tirent pas leur légitimité des procédures typiques des systèmes démocratiques qui s'articulent autour de l'élection et de la représentativité politique.

Les ONG surgissent autour d'une « sensibilité commune et partagée » parmi ses membres (Abélès, 2006). C'est sur la base d'un sentir commun qu'elles peuvent développer des actions de terrain et intervenir au nom de leurs membres pour une injustice à réparer.

L'exercice de la pratique électorale comme procédure de contrôle est remplacé, dans le cadre des ONG, par le regard vigilant et constant d'un public capable, d'un seul coup, de délégitimer les actions de ses membres, voire de l'ONG tout entière.

Le regard du public se configure en tant qu'*agent*. Il est *agissant*, puisqu'il opère une pression capable de modifier et de diriger les activités d'Helvetas.

C'est dans ce sens que l'on peut appréhender le regard du public d'Helvetas, comme le deuxième dispositif de contrôle qui non seulement surveille, mais dirige aussi son action.
Son importance est fondamentale puisque les ONG sont par définition des émanations de l'initiative populaire.
Cependant, les exigences du public sont antinomiques de celles requises par la communauté internationale.
Le public veille à ce que les activités des ONG ne se résolvent pas dans un froid dirigisme technique eurocentré, impliquant de gros salaires pour son personnel professionnel. L'opinion publique demande aux membres d'Helvetas d'être sur le terrain, au plus près de ces populations démunies, et surtout de leur faire du *« bien »*.
Or, tous les problèmes dérivent de ce que l'on entend par ce « bien ».
Pour avoir un aperçu de l'importance du phénomène, il convient ici de rappeler l'embarras qui surprend Helvetas lorsque sa manière de travailler sur le terrain est fortement attaquée par de jeunes organisations issues du mouvement étudiant pendant les années soixante-dix. Les salaires excessivement élevés des experts suisses, accusés d'*« incarner la supériorité de l'homme blanc »,* sont férocement montrés du doigt.
Dans le même temps, un journaliste dénonce la collaboration d'Helvetas avec les régimes militaires des pays où se déploient ses interventions :

> « *Au Cameroun, un régime militaire court après la croissance occidentale et encourage le développement seulement dans les villes, tandis que les produits issus de la monoculture prospèrent et sont exportés grâce aux réseaux d'eau installés par Helvetas* » (Möckli, 2004 : 24).

Le scandale qui éclabousse Helvetas à la suite de ces accusations l'oblige non seulement à revoir sa structure interne en accordant aussi à ses membres bénévoles un pouvoir décisionnel sur les projets, mais aussi à revoir complètement ses campagnes d'information et de sensibilisation.
Les années soixante-dix sont également marquées par un changement important des méthodes d'information d'Helvetas.
D'abord, elle décide de s'adresser aux jeunes en particulier. Ensuite, elle donne une nuance plus politique à des questions qu'auparavant, elle avait eu tendance à traiter comme neutres.
La première campagne que l'association lance quelques mois après sa création est intitulée : « Une poignée de riz ». La jeune œuvre d'entraide distribue un sachet de cellophane contenant l'équivalent d'une ration de riz en Asie et un prospectus explicatif. Celui-ci montrait un enfant tenant un bol vide et demandant : *« Veux-tu remplir mon bol ? »* Déjà, au début des années soixante, et sous la pression de l'opinion publique, Helvetas avait été appelée à s'interroger de façon plus critique sur la nature de l'aide. Les effets de cette influence seront visibles dans la campagne suivante qu'Helvetas, consciente de l'insuffisance d'une poignée de riz, intitulera : « Pas d'aumône, des outils » (Möckli, 2004 : 24).
Dans les années soixante-dix, après les critiques qu'elle avait reçues, Helvetas s'adresse directement aux jeunes et publie une feuille intitulée « Forum de jeunes Helvetas » avec laquelle elle gagne 100 000 jeunes membres. Helvetas se voit obligée de prendre position dans le débat sur le « mal développement » et, dans ses campagnes d'information, elle commence à faire le lien entre le sous-développement des pays du Sud et le mal développement des pays du Nord. C'est ainsi qu'elle réussira non seule-

ment à conquérir un grand nombre de partisans, mais aussi à voir son budget d'aide au développement versé par l'Assemblée fédérale, augmenter de 0,26 à 0,31 % (Möckli, 2004 : 24).

En fait, comme nous l'avons vu précédemment, ces faits mettent en évidence l'existence d'une relation aussi étroite qu'inattendue entre le soutien de l'opinion publique et celui de l'État.

À travers l'analyse de l'histoire d'Helvetas est apparue la façon dont l'État avait constamment subordonné son soutien à la capacité d'Helvetas de conquérir la *sympathie* de l'opinion publique.

Contrairement aux attentes de ceux qui croient pouvoir lire, dans l'ONG, l'espace d'une bataille entre l'État et la société civile, l'on découvre que le véritable élément limitant pour une ONG, c'est l'*homme moyen* et son opinion. Et bien évidemment, cela arrange l'État qui l'utilise en tant que frein contre toutes les dérives possibles des ONG.

Les observations recueillies sur le terrain ont donné la possibilité de vérifier ultérieurement ces hypothèses.

Tout au long de mes études de terrain à Bougouni, j'ai pu assister au passage de plusieurs journalistes en quête d'histoires, de photos et de toute sorte de preuves du bon fonctionnement du programme Coton bio-équitable d'Helvetas.

En fait, le succès grandissant des produits de l'agriculture biologique et du commerce équitable a vu surgir aussi un nombre important d'enquêtes à leurs sujets.

Elles se partagent entre des portraits absolument positifs, visant à encourager les consommateurs dans leurs pratiques d'« achats militants », et des révélations désenchantées prêtes à conforter les suspicions des plus cyniques.

Cela fait que le regard des journalistes est devenu aussi important que celui d'un évaluateur. Car en réalité, c'est le journaliste qui, à travers son écriture et ses photos, a le pouvoir d'influencer celui qui légitime l'existence de l'ONG : le public et son opinion.

En 1901, Gabriel Tarde avait eu une grande intuition à ce sujet lorsqu'il écrivait que son époque était déjà l'*« ère du public »*. Il expliquait la naissance de ce groupe social du présent à travers un faisceau de trois inventions de l'époque mutuellement auxiliaires : l'imprimerie, le chemin de fer, le télégraphe. Il leur ajoutait le prestige de l'*actualité.*
Pour décrire le fonctionnement de ce qu'il appelle une *« suggestion à distance »,* il introduit la notion de *« l'action des regards d'autrui »,* pour signifier cette action impressionnante du regard ayant le pouvoir de nous influencer seulement par sa pensée, c'est-à-dire seulement par l'idée que nous sommes l'objet de l'attention de personnes éloignées de nous.
Déjà, en 1901, il exhorte à travailler sur ces *« rapports mutuels des esprits, leurs influences unilatérales et réciproques »* capables de générer une sorte de foule dispersée, où l'influence des esprits les uns sur les autres est devenue une action à distance, à des distances de plus en plus grandes. Il invite à réfléchir sur les particularités qui engendrent ces groupes sociaux :

> *« Ce n'est pas dans des rassemblements d'hommes sur la voie publique ou sur la place publique que prennent naissance et se déroulent ces sortes de fleuves sociaux, ces grands entraînements qui emportent d'assauts maintenant les cœurs les plus fermes, les raisons les plus résistantes, et se font consacrer lois ou décrets par les parlements ou les*

> *gouvernements. Chose étrange, les hommes qui se suggestionnent mutuellement ou plutôt se transmettent les uns les autres la suggestion d'en haut, ces hommes-là ne se coudoient pas, ne se voient ni ne s'entendent : ils sont assis, chacun chez soi, lisant le même journal et dispersés sur un vaste territoire* » (Tarde, 1901 : 9).

Pour Gabriel Tarde, le processus qui a conduit à la naissance de ce nouvel ensemble social n'a pu commencer qu'après le premier grand développement de l'invention de l'imprimerie, au XVIe siècle. C'est le journalisme qui a permis le début du développement de cette énorme force qu'il appelle le *« transport de la pensée à distance ».*

Et bien évidemment, il réserve un rôle clé à l'influence que le journaliste peut avoir sur son public. Il décrit le journaliste comme *« quelqu'un de complaisant envers son public dont il n'oublie jamais la nature et le goût »* (Tarde, 1901 : 9), mais qui, en même temps, est capable d'exercer une force qui est très puissante par la continuité et par la subtilité qui la qualifient.

Tarde ne manque pas de considérer la liberté du lecteur et ses capacités réflexives qui l'amènent à changer de journal jusqu'à ce qu'il trouve celui qui lui convient. Mais, en même temps, il souligne la différence entre des réactions ponctuelles de lecteurs et l'action continue que le journaliste exerce sur son public. Et bien que Tarde qualifie le public de sorte *« de clientèle commerciale »,* il n'oublie pas de signaler que, parfois, les liens qui se créent entre le journaliste et ses lecteurs peuvent devenir intimes et profonds.

Si, au début du XXe siècle, le chemin de fer, le télégraphe et l'imprimerie avaient déjà constitué des éléments suffisants pour amener Tarde à de telles réflexions, l'on peut

alors comprendre la dimension que les mêmes phénomènes peuvent assumer à notre époque.
Le rôle de la presse, du journaliste et *« la suggestion à distance »* exercée par *« le regard d'autrui »* sont ici des instruments indispensables pour comprendre comment, dans les faits, se réalise l'exercice de ce deuxième dispositif de contrôle qui se matérialise dans le regard du public et qui a pour effet de conditionner et de diriger les activités d'Helvetas.

Encore une fois, les réflexions à ce sujet ont pu être menées sur la base des observations de terrain.
Quelques semaines après mon arrivée à Bougouni, une autre visite agite les bureaux d'Helvetas Mali et du Mobiom. Il s'agit d'un couple allemand, une journaliste et un photographe, en voyage depuis longtemps à travers plusieurs pays du monde dans le but de réaliser une enquête globale sur le coton biologique et ses périples dans la trame du commerce équitable.
Les agents du Mobiom et d'Helvetas semblent dérangés par cette présence. Je peux percevoir les mauvaises humeurs qu'elle engendre et ils m'expliquent que ces passages sont très fréquents, surtout dans la période de la récolte du coton, où les scènes offertes par cette phase du travail se prêtent bien à la réalisation de *beaux* clichés par les photographes. Mon arrivée est trop récente pour comprendre les causes des contrariétés que ces présences provoquent, bien que je puisse déjà imaginer quelque chose.
Le seul qui semble accepter cela positivement, c'est le volontaire de l'Association des volontaires du progrès plutôt enclin à voir ces journalistes comme un moyen de faire connaître et de diffuser l'expérience du Mali. Ainsi, c'est lui qui est désigné pour leur expliquer les modalités de fonctionnement du Mobiom et le déroulement du programme Coton bio-équitable d'Helvetas.

Néanmoins, cette visite mobilisera chaque secteur du Mobiom, puisque les journalistes, comme on pouvait s'y attendre, manifestent la volonté d'échanger avec tous les acteurs de la filière, à commencer par le directeur et le président du Mobiom, jusqu'aux producteurs.
Dans les faits, cela se traduit par une énorme perte de temps pour le directeur du Mobiom, par un déplacement supplémentaire pour le président du Mobiom qui, en l'occurrence, doit rejoindre les locaux de Bougouni, sacrifiant sa journée de travail à Sibirila.
De plus, Bamba, l'opérateur technique, va être lui aussi mobilisé pour accompagner les journalistes sur le terrain et servir d'interprète à leurs échanges avec les producteurs.
Le village offert comme modèle est Sibirila ; c'est d'ailleurs toujours le cas. La visite est rendue plus compliquée par un problème de langue, puisque les journalistes ne parlent pas bien le français et que les opérateurs du Mobiom ont quelques soucis avec l'anglais. La solution apparaît lorsque les journalistes déclarent parler italien et alors, pour une fois, je peux me sentir *utile* en offrant ma traduction de l'italien en français et, bien sûr, cela me permet aussi de suivre toutes les étapes de la visite.
Les journalistes resteront sur place presque une semaine et, dans l'économie du temps du Mobiom, cela représente déjà une énorme perte.

L'enquête commence dans le bureau du directeur du Mobiom où, pour l'occasion, se trouve aussi son président.
Dans la poche du boubou du directeur du Mobiom, le cadran du téléphone s'illumine sans arrêt, mais les appels, en mode silencieux, restent sans réponses. Je traduis les questions que les journalistes posent avec un ton presque inquisitoire et les réponses brèves et bien rodées du Mobiom. J'ai le sentiment de traduire des discours complète-

ment formatés. Les journalistes le pressent de questions de plus en plus spécifiques, mais elles retombent devant les réponses mécaniques du Mobiom qui, avec une politesse impeccable et de grands sourires, construit un mur infranchissable.

J'avais déjà pu participer à quelques réunions préparatoires en vue de l'évaluation, et je m'attendais à ce que le Mobiom se serve des journalistes pour manifester ses problèmes et démasquer les énormes clichés sur le commerce équitable.

Mais au contraire, j'étais en train de traduire des réponses-slogans qui allaient toutes à l'encontre de ces stéréotypes.

Pour les mêmes raisons toujours liées à la langue, je les accompagne à Sibirila avec Bamba, comme j'avais déjà pris l'habitude de le faire. Durant les trajets, Bamba se plaint de cette présence et de cette façon un peu irritante des journalistes à exiger la disponibilité du Mobiom. « *Ils ne connaissent rien d'ici, ils veulent juste entendre ce qu'ils savent déjà.* »

Lorsqu'ils arrivent à Sibirila, le même scénario se répète. Le relais, donc la personne la plus proche du Mobiom, est appelé pour un entretien qui ressemble à la très bonne répétition d'un scénario. Les journalistes semblent plus calmes, ils sont satisfaits, ils obtiennent et notent leurs réponses sur les bienfaits pour la santé du coton biologique, sur la prime équitable, sur la matière organique, sur les revenus plus stables et, bien évidemment, sur les femmes et l'impact positif que le coton avait eu sur leur situation et sur celle de leurs enfants.

La visite se termine par un tour dans les champs de coton où je remarque tout de suite le vide laissé par l'absence de ces tout petits pieds noirs qu'à chaque fois j'avais l'habitude de croiser. D'ailleurs, tout Sibirila semble s'être vidé de ses enfants.

Une des règles les plus nobles que le commerce équitable prétend apprendre au reste du monde est de ne pas faire travailler les enfants de moins de quatorze ans dans les champs. Alors, lorsque les journalistes et surtout les photographes arrivent, il faut vider les champs de coton de tous ces enfants censés se transformer en de bons écoliers. Tout le village participe à la mise en scène et, à un certain moment, moi aussi. Comme les agents d'Helvetas, « *je fais mon travail* », je m'occupe de la traduction, c'est tout. Mais, au contraire des agents d'Helvetas, je vais avoir beaucoup de temps, dans les longues journées à Bougouni et dans leurs nuits interminables, pour réfléchir à cet épisode.
Les journalistes repartent après une semaine, contents de pouvoir ajouter les clichés du Mali à leur livre.
Tout au long de mon séjour à Bougouni, je ne fais que constater la distance de ces clichés donnés à voir aux journalistes avec les problèmes quotidiens concrets.

Pour dépasser la simple dénonciation de mise en scène et donner une explication plus exhaustive de ces phénomènes, il faut faire place à un grand protagoniste de notre contemporanéité : la morale.
Désormais, tous les secteurs de l'existence semblent dirigés par la morale. Elle se pose comme justification principale à toute action et comme critère pour l'évaluation de chaque décision. La politique et l'économie semblent n'avoir plus aucune règle que celles d'ordre moral et, bien sûr, le même sort revient au développement, où politique et économie se mêlent.
Ainsi, dans le cas analysé dans cette étude, il serait facile de supposer que la morale est un élément qui s'impose de l'extérieur étant donné la forte connotation morale qui figure de façon explicite parmi les pratiques et les principes du commerce équitable.

Dans ce sens, le commerce équitable n'est pas aussi différent des autres pratiques de développement qui ont toujours développé une justification d'ordre moral pour pouvoir s'imposer.
En revanche, c'est l'attitude des ONG à ne pas se conformer aux expériences précédentes.
Dans les faits qui ont été illustrés plus haut, il semble que ce soient les protagonistes mêmes, en l'occurrence les membres de l'ONG, qui *participent* constamment à la production de la morale. Mais, dans cette morale, il y a quelque chose d'étrangement redondant, puisqu'elle ne semble pas découler de l'expérience directe que les agents font du « bien » et du « mal » dans la quotidienneté de leur terrain.

Pour comprendre comment ce processus de moralisation se met en œuvre dans les activités de développement des ONG, il a fallu exclure qu'il soit simplement imposé par l'extérieur avec les normes qui règlent les projets de développement.
Dans leurs expériences de terrain, les agents assistent chaque jour à la rupture de tous ces principes conçus ailleurs, et l'organisation des programmes n'est pas violente au point de laisser imaginer que ces principes soient imposés autoritairement.
En revanche, à partir des attitudes des agents d'Helvetas et du Mobiom se montrant conciliants avec les stéréotypes sur la représentation du bien et du mal, il a été possible de suivre l'hypothèse selon laquelle ce sont les membres mêmes de l'ONG qui *participent* de façon continue à la création de cette morale.
Les agents du Mobiom, devant les journalistes, auraient pu démentir certains des principes moraux du commerce équitable, étrangers à leurs réalités quotidiennes, mais ils ne l'ont pas fait.

Pour en comprendre la raison, il faut savoir que, encore une fois, ils ne sont pas les seuls acteurs ni les plus importants. En fait, un autre acteur intervient sur cette scène de façon invisible, mais tout aussi importante. C'est le *« regard d'autrui »* qui agit jusqu'à générer une *« suggestion à distance »* si forte qu'elle conditionne et dirige les conduites des autres.

Nous sommes aux antipodes de la situation décrite par Boltanski (Boltanski, 2007). Là, c'est la parole qui est agissante dans un contexte de type démocratique dans lequel c'est à travers le *logos,* le discours, que s'exerce l'activité politique en tant que persuasion.

Au contraire, les ONG sont des institutions qui dépendent et qui se construisent sur les *affects*. Les ONG naissent autour de *sentiments communs* et, la plupart du temps, elles sont impliquées dans des activités de *sensibilisation.* Le rapport que les ONG entretiennent avec leur base populaire, et qui légitime leur existence, n'est pas un rapport de représentation ou d'élection.

Avec leur public, les ONG sont constamment prises dans une relation où ce sont les *affects* qui sont en jeu. Avec leur public, les ONG sont dans une relation de *séduction.* Les ONG ne doivent pas convaincre à travers un discours les intelligences, mais elles doivent *affecter*, frapper dans les sentiments et dans les affections.

Dans les affects, le langage n'est plus seulement celui du sujet parlant, il est surtout celui qui traduit la pensée du sujet désiré. Ce qui en résulte alors, c'est une coïncidence entre l'objet du désir et l'autre, le sujet désirant (Klossowski, 1980).

Ainsi, dans l'ONG, la morale devient un espace du double, un lieu du simulacre qui se crée dans la recherche d'une coïncidence entre la parole de l'objet à *affecter* et celle du sujet qui désire *affecter.* Les membres d'Helvetas Mali et du Mobiom n'obéissent pas à une loi morale imposée ou intériorisée, ils la créent entièrement, en accord avec les regards de leurs publics.

La conséquence pour la constitution du sujet est immédiate, puisque nous avons un sujet construit sur le regard de l'autre, car celui-ci est agent. Cependant, la particularité de ce genre de subjectivité est qu'elle n'arrive jamais à se concrétiser dans un unique individu, avec une identité spécifique. Au contraire, ces subjectivités ne se concrétisent pas, elles restent floues. Et ce n'est pas la culture, mais les situations dans lesquelles elles se trouvent qui déterminent ce genre de personnalité multiple.

Lorsque les agents d'Helvetas ou du Mobiom se trouvent sur le terrain et font l'expérience de certaines réalités qui ne s'accordent pas avec l'ordre moral contenu dans leurs directives, ils ne peuvent traduire cette expérience que dans un langage moral où leur public occidental va pouvoir se reconnaître et, en même temps, le modifier en suivant ses goûts et ses attentes.

Les relations de séduction, c'est-à-dire les relations à distance basées sur les affects, que les ONG entretiennent avec leur public expliquent cette attitude.

La particularité des relations affectives ou morales se trouve dans le fait qu'au contraire des relations politiques, elles ne sont pas inclusives, mais exclusives (Deleuze, 2007).

Pour expliquer ce processus, Deleuze reprend une des idées les plus simples de Hume lorsqu'il affirme : *« L'homme est beaucoup moins égoïste qu'il n'est partial »*. Puisqu'il est toujours l'homme d'un clan, d'une communauté ou d'une famille, chaque homme a des sympathies particulières ; intégrer les sympathies signifie alors le pousser à dépasser sa partialité naturelle. Ainsi, pour Deleuze :

> « *Le problème moral et social consiste à passer des sympathies réelles qui s'excluent à un tout qui inclut les sympathies elles-mêmes. Il s'agit d'étendre la sympathie* » (Deleuze, 2007 : 27).

Pour pouvoir élargir ces réflexions au-delà des circonstances spécifiques qui ont donné naissance à certaines considérations du bien et du mal, les agents de l'ONG ont besoin de les penser dans un système d'association qui peut également être valable pour le public avec lequel ils entendent communiquer et qu'ils veulent sensibiliser. Dans ce contexte, le journaliste représente un exemple d'interface entre l'ONG et son public. C'est donc lui qui devient l'objet à *affecter*, puisque c'est lui qui pourra influencer le public avec ses mots et ses photos.

C'est ainsi que les agents d'Helvetas et du Mobiom participent à la création d'une morale simulacre qui n'est rien d'autre que le point où deux systèmes d'entendement différents peuvent se rejoindre et étendre ainsi leur *amitié* entre deux ou plusieurs communautés différentes qui, en effet, n'ont aucun *commun* sur lequel construire leur sympathie.

C'est donc dans le but d'*étendre les sympathies* (et d'ailleurs, ce but n'est jamais totalement conscient) que les membres des ONG cherchent à sensibiliser un nombre important d'individus alimentant les attentes des journalistes qui doivent continuer à croire qu'un enfant d'un petit village du Mali est un enfant comme le leur. Comme leur fils, il a droit à une instruction, à jouer tranquillement avec les copains de son âge, à vivre une enfance insouciante, et à recevoir des cadeaux à Noël. Le même discours est valable en ce qui concerne les femmes. Pour pouvoir rapprocher les Suisses ou les Européens des habitants de villages, Helvetas et le Mobiom ont besoin de valider le message des journalistes qui les présentent comme des femmes identiques à leurs mères et à leurs sœurs. Des femmes qui utilisent l'argent comme en Occident et qui ont, par conséquent, besoin de vendre leur coton pour être *libres*. Et cela, même si ce n'est pas du tout le cas.

Il s'agit donc d'un processus qui dérive de l'effort de rapprocher des mondes qui, sinon, seraient trop différents pour qu'une quelconque sympathie puisse effectivement naître et créer de la solidarité.

C'est seulement pour combler cette distance qui les sépare que l'ONG valide les clichés des journalistes. Ainsi, à travers leur récit, le public peut se sentir concerné par la vie d'autres êtres *humains* comme eux.

En réalité, cette humanité est toujours culturellement, socialement et historiquement construite. Alors, effacer les différences de ces constructions devient juste une stratégie pour susciter un sentiment de solidarité entre des sociétés qui, dans les faits, restent étrangères.

Cependant, il faut établir une différence entre les degrés de conscience de cette distance. Si pour les agents maliens il est plus facile de se rendre compte de cette distance et de l'artifice que ce rapprochement demande, pour les expatriés, il s'agit de processus complètement inconscients puisque les associations qu'ils développent dans l'espace de leur réflexion les conduisent dans la même direction que leur public, parce qu'au fond, ils proviennent de la même société et que les catégories à travers lesquelles la pensée se constitue sont les mêmes.

En fait, même s'ils ont pu modifier leurs définitions du bien et du mal à travers l'expatriation ou le travail sur le terrain, leurs expériences sont trop particulières et trop personnelles pour pouvoir leur permettre de construire un système de pensée complètement divergent. Et surtout, ils ne disposent pas de suffisamment de temps pour cet énorme travail d'analyse critique et de mise à distance que les anthropologues, en revanche, connaissent bien.

C'est ainsi que s'opère cette *moralisation des sentiments*. Dans ce niveau microsocial, le processus est loin d'être le même que celui décrit par Boltanski (Boltanski, 2007). Ici, il n'est pas question d'étendre, à travers une parole agissante, l'expérience éthique individuelle pour qu'elle devienne une morale socialement partagée. Au contraire, il s'agit d'une force agissante, comme le regard du public capable de réduire au minimum les particularités de l'expérience singulière pour qu'elle puisse entrer et être reconnue dans un système collectif déjà existant et socialement partagé en tant que *morale*. Cela explique aussi ce sentiment de rhétorique fastidieuse qui caractérise parfois le langage des ONG et qui semble se réduire, chaque fois, à un déjà-vu et à un déjà entendu. Cette attitude par laquelle l'ONG semble « *vraie dans ce qu'elle nie et fausse dans ce qu'elle affirme* », pour le dire avec Merleau-Ponty (Merleau-Ponty, 2010 : 48). Mais c'est simplement parce qu'ainsi l'ONG cherche à *familiariser* l'étranger. Le but est de sensibiliser le public à aider l'autre, après l'avoir rendu *proche*.
Cependant, l'on ne fait que créer des simulacres qui, s'ils représentent d'un côté les moyens les plus efficaces et les plus rapides pour obtenir des financements, de l'autre ils se traduisent par une série d'événements ratés, c'est-à-dire des connaissances qui ne surgissent pas. Dans ce sens, l'on peut affirmer que l'ONG, sous le regard de son public et à travers ses modalités de fonctionnement, sécrète elle-même la morale. Néanmoins, cette dernière figure un dispositif de contrôle qui détourne, influence et dirige les activités de l'ONG.

Cet effort pour familiariser l'étranger, par le biais d'une morale-simulacre capable de réfléchir les attentes de ses publics, place la démarche des opérateurs de l'ONG à l'opposé de celle du chercheur-anthropologue.

Comme les opérateurs des ONG, le chercheur fait l'expérience, sur son terrain, de ce passage toujours risqué entre les idées et les pratiques, les choses et leurs représentations. Néanmoins, du point de vue de l'anthropologue, la rupture épistémologique n'est pas une défaite parce que c'est bien elle qui nourrit ses recherches. D'autre part, le chercheur, libre dans sa réflexion et dans son écriture, révèlera le résultat de ce double travail de mise à distance de soi et de rapprochement de l'autre qui est au cœur de la discipline anthropologique. Cet exercice complexe, toujours partiel et incomplet, est mené dans le but bien plus modeste de comprendre le monde et pas de le sauver. Car ce qui motive le travail d'un chercheur n'est pas le « bonheur de l'autre », mais la nécessité de la connaissance.

En revanche, comme les agents des ONG, le chercheur agit. Puisque l'on écrit pour agir sur le monde et pas seulement pour le représenter.

Et simplement, son action suivra un circuit différent.

CHAPITRE IX

LA RÉSISTANCE DANS L'ART OU L'ART DE LA RÉSISTANCE

Les mécanismes de fonctionnement des ONG nous informent sur l'apparition de formes particulières de résistance qui se concrétisent dans une utilisation stratégique des éléments internes au système.

Cependant, dans le cadre de cette recherche, il est important de signaler la présence d'un autre modèle de résistance. Il peut être appréhendé comme une variation des contre-conduites, puisque cette résistance partage avec ces dernières les conditions culturelles et sociales de leur production. Elles surgissent dans le même environnement, et malgré leur aspect différent, elles nous informent sur une réalité commune.

Ce genre particulier d'opposition procède de l'initiative de la personne la plus influente d'Helvetas Mali, même si elle n'est pas destinée à activer des dynamiques de type politique.

Cette résistance se caractérise par le fait d'être conduite par une seule personne qui cherche et trouve dans le registre de l'art la possibilité de l'exprimer.

La protagoniste de cet acte de résistance est la directrice d'Helvetas Mali, Anne-Sophie. En 2009, à mon retour en France, je découvre un petit livre de poèmes qu'elle venait de publier aux Éditions Baudelaire, intitulé « Récits de vie, pages africaines » (Gindroz, 2009 b).

Après avoir lu ses poèmes qui, dans le livre, sont accompagnés des images de son mari photographe, je lui envoie un courriel pour lui faire part de mes impressions. Dans sa réponse, elle m'avoue que ce recueil n'est pas son unique

expérience d'écriture. Elle me transfère une pièce de théâtre qu'elle avait écrite avant son départ de Bamako, et qui avait été jouée les 3 et 4 juillet 2009 à l'INA, l'Institut national des arts de Bamako. Je retrouve la nouvelle de cet événement sur le site Internet d'Act Sept, l'Association culturelle malienne pour la sensibilisation, l'éducation et la promotion théâtrale.
D'ailleurs, cette pièce de théâtre n'est pas la seule information liée au départ de la directrice d'Helvetas à circuler sur Internet. Sur le site de MALIWEB, un autre article évoque la fête organisée pour le départ de celle qui est appelée : « *la dame au cœur d'or* ». En le lisant, je m'aperçois que cette femme n'est jamais passée inaperçue au Mali. Les mots employés par la journaliste et la façon détaillée de décrire les attitudes de la directrice d'Helvetas Mali laissent supposer qu'elles se connaissent de longue date. Le discours d'Anne-Sophie, tenu à l'occasion de sa fête de départ, est rapporté dans l'article. Il évoque avec fermeté les mêmes convictions qui émergent aussi de ses écrits :

> « *Dans ce monde de coopérants, personnellement, je ne savais pas qu'on pouvait faire autant des dégâts et appeler ça du développement... C'est pas les gens de l'extérieur, les gens venus d'ailleurs qui pourront dire ce qui est bon pour le Mali... les solutions viendront d'ici... Personne n'a le monopole du beau discours, de la bonne parole... j'ai vu des vieux dans les villages prononcer des mots simples et sages* » (Diallo, 2009).

Les œuvres littéraires d'Anne-Sophie portent sur son expérience de coopérante. Les thèmes principaux sont ceux du développement, de la pauvreté, des inégalités et des injustices entraînées par la mondialisation. La pièce de théâtre est entièrement consacrée aux contradictions du monde du développement. En revanche, les poèmes alternent des portraits, des histoires et d'amères considérations sur la coopération et ses lois.

Dans ses écrits, Anne-Sophie se départit de son rôle de directrice d'Helvetas. Ici, le regard rationnel de la coopérante laisse place aux yeux d'une femme qui s'émeut, s'indigne et se révolte devant les injustices qui, dans son travail quotidien, ne trouvent pas d'espace et sont destinées à rester invisibles. Toutefois, cette femme est loin d'être universellement représentative. Elle reste toujours une femme socialement et culturellement située, et c'est bien pour cette raison qu'elle est choquée et qu'elle s'insurge.

Anne-Sophie, c'est une Suisse de 45 ans, née d'un père suisse et d'une mère suédoise. Étudiante en droit, elle continue sa formation dans le domaine de la coopération internationale qui la portera à vivre dix ans en Indonésie où elle se marie. Ses missions suivantes l'amèneront en Chine, où elle travaillera pour la défense des Droits de l'homme. Puis viendra son expatriation au Mali.

Sa grande taille, sa minceur, ainsi que ses cheveux blonds et courts m'ont toujours suggéré l'idée d'une femme dotée d'un grand esprit pragmatique. Pendant mes terrains, je ne fais que la croiser, car elle est toujours très prise. Elle parle très vite, au point que parfois j'ai du mal à la suivre, mais sa voix est douce et souvent elle s'interrompt pour laisser paraître de grands sourires. Ses grands yeux semblent annoncer une écoute et une attention toujours vigilantes. Son statut de directrice ne l'empêche pas de garder une grande humilité. Elle ne profite d'aucun service particulier lié à son statut. Elle a le même bureau que les autres, les mêmes voitures, elle préfère dormir à la case de passage de Bougouni plutôt qu'à l'hôtel.

Je l'ai vue presque tout le temps habillée avec les tailleurs confectionnés sur place, à Bamako, à partir de pagnes et de basins africains. Les belles coupes, et le goût encore européen avec lequel les robes avaient été réalisées donnaient à ses tenues un quelque chose d'harmonieux. Ainsi, ses petits bijoux touaregs et ses sacs d'artisans du Mali n'entraient jamais en contraste avec sa personnalité. Elle avait une manière toute particulière d'esquiver les formes et les couleurs qui auraient pu révéler la distance de ces deux mondes qu'elle habitait. J'avais toujours eu le sentiment qu'il s'agissait d'une femme forte et mes conversations avec elle me révélaient une femme d'une grande humanité. J'apprends que sa famille est elle aussi *transnationale*, construite sur trois continents, l'Europe, l'Indonésie et le Mali, et qu'elle est mère de sept enfants.
Pendant l'une des réunions finales de l'évaluation du programme Coton bio-équitable, je comprends que cette rigueur que je pouvais percevoir était celle d'une femme extrêmement militante. C'est à cette occasion que j'ai pu entendre sa voix se faire plus forte et ses mots devenir plus durs, lorsqu'elle défendit les choix d'Helvetas Mali face aux évaluateurs et à l'équipe d'Helvetas Suisse.
Dans ses discours, elle n'a jamais caché son intention de faire du développement et pas du commerce. Elle a toujours eu un regard désenchanté sur le commerce équitable en disant que *« c'est du commerce d'abord ».* Mais elle avait aussi une façon de concevoir le développement bien différente de celle des autres coopérants.
Cette vision particulière du développement, on la retrouve dans un de ses poèmes, et elle est déjà annoncée par son titre : « Harmonie » (Gindroz, 2009b : 38). Elle parle d'un pacte de vie entre la nature et l'homme qui semble avoir été trahi par ce dernier. « *L'homme malade de ses ambitions* » est opposé à la sagesse des gens qu'elle rencontre en brousse qui « *savent l'importance de vivre en harmonie*

avec terre et esprit et qui se murent dans le silence ». Des vieux dans les villages, elle avait appris cette phrase qui était devenue la devise d'Helvetas Mali : « *Le chemin qui mène au grenier/Est toujours plus court/Que le chemin qui mène au marché* ».
Sa vision du développement comme harmonie contraste avec la pratique de la coopération internationale à laquelle elle consacre un autre poème. Elle esquisse une image de ce monde du développement habité par des « *broussards, des gens de terrain et des cols blancs/ des experts et toute une faune de consultants/ des sociologues, anthropologues, autres analogues/ des analystes, économistes, autres fumistes* ». Un univers fait d'« *études de faisabilité, cadre logique... des objectifs, des indicateurs de qualité...* », et de gens qui passent leur temps « *dans de grandes réunions/où se la racontent pendant des jours dans des workshops* ».
Le ton est empreint d'émotion lorsqu'elle parle de ses collègues du Mali qui « *s'engagent cœur et âme, ceux dont les convictions, les valeurs sont les armes/ ceux qui doutent, s'interrogent, ne se donnent pas de limites/ ceux qui refusent les modèles ou chacun s'imite* ».
Et c'est à eux qu'elle s'adresse, en les remerciant pour tout ce qu'ils lui ont appris, pour que « *leur flamme ne s'éteigne pas trop tôt/gardez votre sagesse et votre humilité, car elles sont bien trop rares dans ce monde agité* » (Gindroz, 2009b : 16).

La tristesse et la colère alternent, l'une alimente l'autre, enchaînant émotion et dénonciation. Les poèmes sont dédiés « *À ceux que l'on n'entend jamais* ».
En revanche, la pièce de théâtre est précédée de quelques lignes d'avertissement où l'auteur déclare : « *Toute ressemblance avec des personnages réels, des organismes, des événements ou des lieux est intentionnelle et assumée*

pleinement par l'auteur qui s'est largement inspirée de son expérience vécue au Mali dans le cadre de son activité professionnelle. »
Dans cette pièce intitulée « À cœur ouvert. Le développement en dix tableaux », les personnages se divisent en deux catégories. D'un côté, l'on trouve ceux qui représentent la société malienne : un expulsé, un Malien qui a séjourné et travaillé en France, un producteur de coton qui s'accroche aux promesses des nouvelles technologies des OGM, la femme du producteur du coton qui cherche à dissuader son mari de ses tentations modernes, une fillette, victime de la pauvreté de ses parents, qui mendie dans la rue, et une enseignante qui, tout en étant lucide sur les conséquences des mauvaises politiques, n'a pas le courage de se lancer dans la lutte.
De l'autre côté, c'est le développement qui est sévèrement décrit et représenté. Il est incarné par un développeur caractérisé d'abord par sa « *déconnexion des réalités locales* » et ensuite par sa « *conviction de lutter contre la pauvreté* », un financier d'institutions telles que la Banque mondiale et le Fonds monétaire international, dont elle souligne l'« *esprit calculateur, ses recommandations qui sonnent comme des instructions* » et sa prétention à affirmer son « *unique vérité : celle de l'argent* », et enfin par un ministre malien, « *plus à l'écoute de ses bailleurs de fonds que de sa population* » (Gindroz, 2009 a : 6).
La rigidité avec laquelle les personnages sont décrits laisse présager le ton fortement polémique qui accompagnera toute l'œuvre. La pièce se déploie en dix scènes qui exposent les contradictions de la société malienne à travers la juxtaposition des multiples personnages qui la composent et des logiques dont ils sont porteurs.

Le choix du registre poétique et celui de la représentation théâtrale n'arrivent pas par hasard. En fait, chacune de ces

deux formes d'expression permet à Anne-Sophie d'éviter les procédures d'enchaînement logique qui sont propres à la prose.
Elle opte pour une écriture qui la soulage de la tâche de la déconstruction de certaines logiques et surtout de l'élaboration de nouvelles qui pourraient les remplacer.
Encore une fois, Anne-Sophie ne cherche pas des associations logiques ni une parole agissante à utiliser dans un acte de persuasion.
Elle ne cherche qu'à *affecter*, à influencer les modes du sentir et non du penser. Son écriture ne vise pas à produire un savoir, mais un *sentir*.
Les émotions des poèmes nous éloignent des explications rationnelles. De la même manière, dans la pièce de théâtre, les contradictions qui émergent de la simple juxtaposition des discours et des personnages permettent à son auteur de maintenir une certaine neutralité. Tout est fait pour que les choses semblent parler toutes seules et, à l'auteur, il ne reste qu'à les exposer simplement.
Dans cette protestation, Anne-Sophie demeure, comme lorsqu'elle travaille dans son ONG, une *subjectivité* et non un sujet. La conséquence de cette mutation intérieure de la personne est immédiatement perceptible dans le type de registre qu'elle choisit : il ne s'agit pas de celui de la persuasion, mais il demeure celui de la séduction.

C'est la raison pour laquelle elle continue à nous informer sur un type particulier de sujet qui a appris à communiquer et à exprimer sa colère selon d'autres modalités.
Le processus qui guide son écriture, et qu'elle-même décrit dans l'un de ses poèmes, est celui typiquement narré par les artistes qui laissent leur esprit se faire affecter violemment par un objet extérieur. Anne-Sophie nous parle d'une déflagration pour représenter l'irruption de son inspiration soudaine.

En réalité, la seule chose qui est immédiate est la restitution de l'expérience. Cette vitesse avec laquelle survient la présentation de l'expérience se traduit dans l'élaboration des esquisses qui, non seulement restent socialement et culturellement connotées, mais trouveront leur force et leur efficacité justement dans cette connotation.
À travers la lecture de ses poèmes, il est possible de saisir l'image sociale de la femme qui les écrit. Accéder à son seuil de l'inadmissible nous informe sur les conceptions de l'inacceptable et, surtout, du contexte dans lequel elles ont pu naître.
Il s'agit d'une personne qui, malgré le fait d'avoir vécu plusieurs expatriations, dont la dernière au Mali, n'est pas prête à remettre en discussion les catégories européennes ou suisses sur lesquelles elle a construit son image de la décence.
Dans l'un de ses poèmes intitulé « Je te quitterai », dédié à Bamako, elle décrit l'éprouvante expérience qu'elle a vécue dans cette ville. Les contradictions et les difficultés du quotidien prennent le dessus sur les belles journées et les bons souvenirs, lorsqu'elle dit en parlant de ses enfants : « *Je ne veux pas qu'ils s'habituent/ À la misère de tes rues* ». Mais elle aussi, elle ne veut pas s'habituer à certaines choses, elle préfère garder son regard d'étrangère, elle ne veut pas se fondre avec Bamako et intégrer *ses normalités.*
Anne-Sophie fait la même chose lorsqu'elle décide avec son mari d'adopter deux jumeaux orphelins et d'agrandir encore plus sa famille transnationale. Elle ne veut pas renoncer à affirmer le modèle familial historiquement et culturellement particulier de son pays d'origine, bien que sa famille soit une famille métisse, construite avec un mari indonésien et avec des jumeaux maliens.
Malgré ses cinq années d'expatriation, malgré ses vêtements africains, Anne-Sophie garde non seulement sa pro-

pre différence par rapport au nouveau contexte socioculturel, mais elle persévère dans cette différence. Elle démontre sa nature de monade transnationale qui, tout en participant dans sa quotidienneté à des ensembles différents, ne s'homogénéise jamais avec eux.
Les poèmes d'Anne-Sophie sont un type particulier de révolte : elles sont un cri. C'est une façon de résister au stéréotype du développement, c'est une façon de libérer la vie.
Anne-Sophie trouve dans l'écriture artistique tout l'espace pour libérer la vie qui, dans le langage codé du développement et dans les cases préétablies de ses rapports, ne trouve pas la façon de sortir. Comme elle-même le dira dans l'un de ses poèmes intitulé « Dans les grandes institutions » : « *Pour s'exprimer, y a des fora/Pour rédiger, y a des formats, Et si t'es pas dans les délais/la règle c'est que tu te tais !* » (Gindroz, 2009b : 17).

L'art d'Anne-Sophie provient d'un sentiment de honte et d'indignation qu'elle ressent devant certains faits dont elle est spectatrice.
Cependant, le choix du registre artistique empêchera la transformation de son cri en un acte politique. Car, bien que ses œuvres soient inspirées par sa quotidienneté et bien qu'elles soient décrites avec un certain réalisme, elles resteront reléguées dans le domaine de l'imagination. Elles pourront émouvoir, toucher chacun de ses lecteurs dans son intimité, elles ne rassembleront pas des foules pour une révolution. Pour la même raison, la critique qu'elle adresse au monde de la coopération n'entraînera pas un changement dans la façon de faire le développement : elle restera un cri.
Pour que le passage du cri à l'action politique soit possible, il sera nécessaire de transformer l'imagination en des associations logiques dans lesquelles les autres pourraient

aussi se retrouver. De la même façon, pour que ce cri de révolte contre les contradictions de la coopération puisse se transformer dans un nouveau paradigme du développement, il sera nécessaire de dissoudre « les émotions » dans la réflexion logique, de reconstruire les contextes qui ont vu surgir certaines attitudes, d'analyser et critiquer non seulement les autres, mais aussi soi-même et ses propres catégories d'indignation.

Mais cela voudrait dire également s'éloigner du domaine artistique et rejoindre un savoir scientifique.

Jusqu'à ce moment-là, les poèmes d'Anne-Sophie ne constitueront qu'un aperçu sur une réalité qui, bien que minutieusement racontée et finement écrite, ne se configurera pas en tant que connaissance.

Et cela relève bien des intentions de son auteure, puisqu'elle désire affecter des sentiments et non persuader des intelligences. Ainsi, même quand elle s'exprime en tant qu'artiste, Anne-Sophie reste dans le domaine de la séduction comme lorsqu'elle dirigeait Helvetas.

Pour la même raison, l'art d'Anne-Sophie ne se conclut pas par une action de révolte créatrice, mais il est destiné à rester un acte de résistance passive.

Ici, il ne s'agit pas de l'art comme expression de l'autonomie et du volontarisme comme l'envisage Kant. Il ne s'agit pas non plus de l'acte esthétique conçu par Rancière comme une « *configuration de l'expérience, qui fait exister des modes nouveaux du sentir et induit des formes nouvelles de la subjectivité politique* » (Rancière, 2008 : 7).

Les poèmes et la pièce de théâtre d'Anne-Sophie ne suggèrent pas la promesse d'un autre avenir. Ils ne témoignent pas d'un sujet moral en pleine possession de son humanité, maître de soi-même, libéré de la puissance de l'autre. Bien au contraire, ils laissent percevoir une subjectivité qui est inférieure à un sujet, un auteur qui justement n'est pas une figure de l'émancipation, mais de la *résistance.*

Ces œuvres littéraires témoignent d'une écrivaine qui, dans les faits, n'agit qu'involontairement et qui est toujours sous l'emprise de l'autre. La résistance d'Anne-Sophie n'a rien de tragique ou d'héroïque, puisqu'elle continuera à faire son travail chez Helvetas. Elle ne fondera pas une autre ONG ni n'élaborera une autre vision plus ou moins scientifique du développement.

Sa parole n'est libre qu'en apparence. En réalité, elle nous parle de quelqu'un qui ne peut pas parler. Elle nous décrit quelqu'un qui ne peut rien ajouter au scénario qui lui a été donné, rien choisir, rien exclure.

Alors, la résistance d'Anne-Sophie n'est qu'à entendre dans son sens, plus original, de *tout ce qu'il reste* quand il n'y a plus d'alternative. Plus que s'émanciper de l'autre qui agit sur elle, elle rend manifeste son action qui la constitue. Cette reconnaissance n'entraîne pas pour autant une libération, mais une déclaration d'impuissance. L'art d'Anne-Sophie ne lui permet pas de s'affirmer, mais au contraire de *« se défaire de soi-même et se défaire elle-même »,* comme le dirait Deleuze (Deleuze, 1983 : 97). Et c'est justement parce qu'il témoigne d'une obligation dont elle ne s'acquittera jamais que son art peut être envisagé non comme une révolte, mais comme un acte de résistance.

CONCLUSION

L'analyse du projet Coton bio-équitable conduit par Helvetas s'est montrée particulièrement féconde, car elle a pu m'informer sur certains aspects spécifiques de l'action des ONG, dans le secteur du développement.

L'émergence des ONG est contemporaine à l'affirmation d'une nouvelle conceptualisation du développement qui trouve dans la *durabilité* sa matrice principale. L'idée de la durabilité du développement efface les précédentes divisions entre un « Sud à développer » et un « Nord développeur ». De la même manière, les identités particulières politiques et culturelles des protagonistes de ce nouveau développement cèdent la place à un sentiment d'appartenance basé sur l'espèce qui se fonde sur une humanité présumée universelle. La diffusion exponentielle des moyens de communication et de déplacement nourrit un sentiment de proximité dans une population mondiale qui s'active sous l'impulsion des *organisations non gouvernementales*.

Par rapport aux institutions publiques de développement, les ONG se composent d'unités fractales qui s'enracinent sur le terrain et l'habitent tout au long du projet.

Néanmoins, la configuration interne de l'ONG change considérablement tout au long de cette fragmentation. Dans son fragment ultime, des agents de terrain prennent la place des dirigeants et des bénévoles enfermés, par la distance, dans des représentations plus ou moins imaginaires liées à des engagements politiques ou à des savoirs spécialisés.

En revanche, dans la partie extrême de l'ONG, celle qui s'installe et pénètre dans un pays concerné, les agents de terrain perdent toute attitude idéologique. L'activité principale à laquelle ils se livrent consiste alors en une quête constante d'équilibre entre le niveau international avec ses exigences, et les capacités de résistance du local.

Et lorsque cet équilibre est menacé, lorsque les capacités de résistance du local sont mises en danger, l'ONG fait appel à la *« vie »,* ou plus exactement à la *« survie »,* de ces populations, pour défendre des choix qui vont à l'encontre des directives centrales.

Ce genre d'attitude nous informe sur deux éléments très importants qui sont, d'un côté, le mode de fonctionnement de l'ONG, et de l'autre, l'importance du « bien » et du « mal » comme discriminant de l'action dans le développement et donc de sa *moralisation* progressive.

En ce qui concerne le mode de fonctionnement de l'ONG, l'expérience de terrain menée au Mali conduit à penser que l'ONG, à l'intérieur, ne se nourrit pas de processus de type démocratiques.

Bien que les ONG s'installent de façon plus ou moins prolongée sur le terrain, ce ne sont pas uniquement les ressorts de ce dernier qui justifient et surtout qui guident leur action. Toutefois, l'attribution à la direction centrale suisse des activités de terrain est également impossible.

Dans le déroulement de ses activités, l'ONG semble fonctionner comme une cellule osmotique qui s'interpose entre le niveau transnational et ces terrains qu'elle transforme avec ses activités.

Cependant, ces deux réalités, le transnational et le local, n'existent qu'avec l'ONG et avec les transformations qu'elle leur apporte pour les accorder l'un à l'autre. C'est dans ce sens qu'elle suggère l'image d'un lieu de passage et de transformation où l'on perd quelque chose et où l'on ajoute quelque chose pour passer de l'un à l'autre.

Ainsi, lorsque le marché international porte une forte demande en coton bio-équitable, l'ONG ne peut que procéder à une transformation radicale des techniques de production du coton, mais aussi de tout le système économique qui doit le soutenir et l'alimenter. La réalité du terrain oblige l'ONG à se soucier non seulement de la culture du coton, mais du « système coton », c'est-à-dire de tous les autres produits qui sont cultivés à côté du coton, et notamment ceux qui assurent la satisfaction des besoins alimentaires, l'économie des villages étant celle de la subsistance. De la même façon, l'ONG intervient dans le tissu social en fabriquant des « productrices » et des « producteurs » de coton bio-équitable. Elle introduit l'image du producteur individuel avec sa parcelle, là où tous les actifs d'une famille étaient censés travailler collectivement sur l'exploitation commune. Elle assigne aux femmes une activité, la culture du coton, sans leur donner les moyens de la pratiquer, et elle transforme leurs enfants en écoliers.

De cette manière, ce n'est pas seulement du coton qu'Helvetas produit, mais c'est une société tout entière. À cela, rien d'étonnant si l'on accepte l'idée que l'on ne peut pas séparer l'économie du social qui doit la produire.

Mais cette société qu'Helvetas a produite, elle en est aussi la tutrice. Sa position d'interface entre l'*internationalité* des marchés et la *localité* des efforts consentis pour pouvoir y accéder lui permet aussi d'arrêter l'exercice lorsqu'il devient trop dangereux pour les gens qu'elle est supposée aider. C'est dans ce sens qu'Helvetas semble se livrer à des expérimentations de développement plutôt qu'à de véritables programmes.

Lorsque la situation dégénère, elle invoque la survie pour signaler le danger. Néanmoins, il ne s'agit pas d'une véritable *survie* biologique, mais de la survie de la société telle qu'elle a pu être façonnée tout au long des années : un modèle de société, parmi d'autres, qui a été sélectionné par rapport à un temps et des conjonctures historiques et culturelles bien précises.

Helvetas Mali refuse de continuer à suivre les idéologies du commerce équitable et, à partir du terrain, elle invoque la durabilité comme élément capable de légitimer son action.

« *Non le marché, mais le développement, et il faut qu'il soit durable* », comme le souligne la directrice d'Helvetas. Par durabilité, elle entend un rapport d'harmonie entre l'homme et la nature. Mais, encore une fois et dans les faits, il se traduit par la durabilité de la « société Helvetas » et des hommes, des femmes et des enfants tels qu'elle les a façonnés.

La survie ici invoquée n'est rien d'autre que la vie avant sa conceptualisation, le principe qui n'a pas encore la forme de la règle et qui existe seulement par opposition à la norme que l'ONG aurait dû respecter.

Ce qui est intéressant dans ce processus, c'est qu'ainsi, non seulement la « société Helvetas » mais Helvetas dans son entier assurent leur propre survie. La catastrophe évitée, l'ONG demeure ainsi crédible vis-à-vis de la population qu'elle continue à prendre en charge, mais aussi et surtout vis-à-vis de la communauté internationale et de son public. Une fois de plus, Helvetas aura prouvé son *efficacité* et sa *nécessité* pour sauver des vies.

Les décisions inattendues qu'Helvetas Mali prend pour le *bien des autres* ou « pour leur bonheur » (Atlani-Duault, 2001) nous proposent à nouveau la question de la moralisation des relations de développement d'une façon différente de ce que l'on aurait pu imaginer.

En fait, par rapport aux précédentes théorisations du développement où la morale était déjà inscrite dans le projet même de développement, l'on peut observer que dans l'intervention des ONG, la *morale* est produite a posteriori.

Comme il a été possible de le constater, le projet de commerce équitable était en soi porteur d'une certaine vision

du bien et du mal, et donc d'une certaine morale. En cela, les projets commerce équitable ne se différencient pas des autres projets de développement.
Au contraire, ce qui a été le plus frappant, c'était le fait que l'ONG, à la fin du programme, pour justifier ses interventions passées et pour légitimer ses actions futures, a dû investir la morale d'un nouveau contenu, différent de celui qui était inscrit dans le projet même de commerce équitable. Dans ce sens, l'ONG semble elle-même sécréter la morale.
Cette morale que l'ONG oppose néanmoins à celle, idéologique, de ceux qui ne sont pas sur le terrain comme elle, n'échappe pas à une certaine redondance.
La redondance et la rhétorique de cette morale dérivent du fait que son contenu ne découle pas seulement de l'expérience directe que ses agents ont du « bien » et du « mal » dans la quotidienneté de leur terrain.
Les éléments qui empêchent le passage direct de l'expérience à la réflexion, et donc à l'élaboration de contenus inédits du bien et du mal, ont été interprétés comme des dispositifs de contrôle qui étouffent et soumettent les capacités créatives des ONG.
Ces dispositifs de contrôle ont été divisés et classifiés en *internes* ou *externes*.
Parmi les éléments internes, l'on a pu voir comment les mécanismes de fonctionnement intérieurs de l'ONG sont particulièrement fonctionnels pour le maintien et la production de la différence parmi ses membres. L'ONG se présente comme un ensemble hétérogène d'individus dont la provenance est absolument variée.
Cependant, les différences que l'ONG semble cristalliser ne sont pas celles dont ses agents sont porteurs au début de leur activité, mais celles qui se produisent tout au long de l'activité même. Chaque équipe intervient sur des terrains fortement différenciés, et, entre elles, elles s'aperçoivent

du grand vide de communication. En revanche, elles sont en contact continu et direct avec la direction centrale et ses représentants sur place.

Les savoirs pratiques que chaque équipe développe ainsi restent enfermés derrière le sigle de chaque programme. Tout partage ou réflexion commune est étouffé.

De la même manière, les outils techniques dont les agents de l'ONG disposent pour se présenter et pour communiquer leur expérience (tableaux, rapports, plans, PowerPoint) sont faits de manière à empêcher toute sorte de réflexion libre sur les données qu'eux-mêmes collectent sur le terrain. Pour la capacité de l'ONG à maintenir des ensembles sans jamais qu'ils parviennent à se fondre dans une quelconque unité, et pour le contrôle qu'elle arrive à exercer sur les savoirs qui se produisent sur le terrain, dans cette étude, l'ONG même a été envisagée comme un dispositif de contrôle.

La structure unitaire de l'ONG n'a d'autre fonction que de neutraliser la coopération des forces internes qui la composent, en entraînant leur discontinuité. Dans son fonctionnement, il est vrai que l'ONG se rapproche des logiques de l'entreprise, mais non à cause de la professionnalisation de ses membres ni à cause des financements privés, mais par le fait que l'*action commune* peut être dissociée du *sentir ensemble* puisqu'elle est tournée vers l'extérieur, c'est-à-dire vers les désirs de ses publics.

Pour fonctionner, Helvetas n'a pas besoin d'un consensus à l'intérieur. Elle ne procède ni de processus électifs ni de processus représentatifs.

Les ONG tirent leur légitimité de l'extérieur, elles dépendent des regards des autres, elles se construisent sur les regards des autres.

À partir de mes observations, j'ai pu repérer dans les principaux systèmes qui, constamment, surveillent, jugent et donc légitiment l'existence de l'ONG, d'autres techniques

qui gouvernent, de l'extérieur, les ingouvernables. Ces dispositifs de contrôle externes sont d'un côté, le contrôle sur ses performances techniques et professionnelles et, de l'autre le regard attentif et en même temps sévère de l'*opinion publique*.
L'ONG est prise dans un système plus vaste composé d'instances différentes dont elle est appelée à maintenir l'équilibre puisque justement cet équilibre lui est constitutif.
D'un côté, la technicisation et la professionnalisation requise par la direction centrale de l'ONG et par la communauté internationale ont pour effet la dissolution des ardeurs politiques dans les savoirs techniques. De l'autre, une force d'égale importance exerce une pression constante sur l'ONG pour que les savoirs des experts ne l'emportent jamais sur les passions de l'engagement.
Ainsi, si les évaluations sont le dispositif à travers lequel s'exerce le contrôle sur les capacités techniques de l'ONG, l'œil vigilant et impitoyable de l'opinion publique est l'instrument par lequel une forme de contrôle ultérieure s'exerce à travers une quête constante de la *moralité* de ses actions. Ici, le regard du public fonctionne en tant qu'*agent*.

Alors, si l'ONG sécrète elle-même de la morale, c'est parce que la *moralité de ses actions* est une condition nécessaire à son existence autant que son expertise technique.
Les ONG ne procèdent pas de processus électoraux ni de représentants politiques. Basées sur les affects, les ONG se fondent sur la *séduction* de leur public, un public qui doit être constamment ému et sensibilisé par des problèmes qui ne concernent pas forcément son quotidien. Pour réduire la distance entre le public et les destinataires de son aide, l'ONG a besoin d'élaborer un langage qui n'est

plus seulement celui du sujet parlant ; il traduit surtout la pensée du sujet désirant. L'ONG se livre ainsi au jeu typique des mécanismes de séduction. L'objet de séduction est appelé à coïncider avec le sujet, et la morale devient ainsi une sorte de simulacre dont on se sert pour révéler quelque chose.

Dans la morale que les ONG affichent pour émouvoir leur public, une manipulation importante est déjà survenue : le contenu de la morale a été façonné pour refléter les principes moraux du public qui, seulement ainsi, peut être affecté.

Parfois, c'est le regard d'un journaliste ou d'un quelconque expatrié de l'ONG qui sert à cette torsion et qui permet au *sentir individuel* de devenir *morale commune*.

Ce processus nous informe non seulement sur le fait que la morale est un dispositif de contrôle qui agit sur la même ONG, mais aussi sur un type particulier de sujet qui perd ainsi certaines de ses facultés et devient une *subjectivité*. L'unité physique et psychologique de l'acteur maître de son être cède la place à une subjectivité qui ne se constitue pas comme une unité ontologique. Tout au long de cette étude, les agents de l'ONG, expatriés ou pas, ont été représentés comme des *monades transnationales* qui ont vécu différents processus de socialisation et qui contiennent donc plusieurs *social* pliés ensemble à l'intérieur de chacun.

Le caractère *transnational* des monades d'Helvetas dérive d'un mouvement qui caractérise leurs activités quotidiennes : celui d'un franchissement continu. En fait, ces monades, plutôt qu'habiter un lieu homogène métalocal, traversent régulièrement *des espaces et des temporalités fragmentés*. L'observation directe des activités d'Helvetas, rendue possible par l'ethnographie, nous a obligés à renoncer à toute forme de dualisme entre le global et le local.

Dans les terrains qui constituent la base de cette étude, le global n'existe que comme l'intégration des différents *local* qui semblent se caractériser par deux ordres de propriété. Premièrement, il s'agit d'espaces soumis à des temporalités particulières qui ne coïncident ni avec celles, typiques, du Mali ni avec celles de la Suisse. Deuxièmement, il s'agit d'espaces très hétérogènes entre eux. Le siège d'Helvetas à Bamako, celui de Bougouni et le village de Sibirila sont loin de constituer un espace homogène, bien qu'ils soient tous constamment traversés par les projets et par les agents d'Helvetas.
Au Mali, nous avons pu constater la présence, à l'intérieur des mêmes frontières nationales, d'espaces très hétérogènes qui coexistent sans pour autant devenir des lieux. C'est dans ce sens qu'il a été possible de s'imaginer et de se représenter le global comme une toile qui parcourt et sépare les territoires dans des carrés de mondes adjacents, mais de plus en plus étrangers.

Ces monades transnationales sont entendues comme une façon de sentir et non d'agir.
Les modifications apportées au projet tout au long de sa mise en place ne sont pas la conséquence d'une opposition de type frontal, conduite par des sujets prêts à combattre le système sur la base d'une nouvelle idéologie.
L'activité de nos monades transnationales ne se caractérise pas par un *faire*, mais par un événement qui rend possible un des virtuels qu'elles contiennent. C'est l'événement et non la volonté individuelle qui produit le changement. Les opérateurs ne font qu'ajuster, c'est-à-dire gérer de façon stratégique, ce qui arrive. Ils ne sont en mesure d'imposer ni les règles du projet ni leur regard de révoltés. Ils ne peuvent que rechercher une composition tactique entre les différentes instances dans lesquelles ils se trouvent pris.

Les monades transnationales d'Helvetas et les monades qui constituent son public ne sont pas des sujets comme ceux qui ont conçu et organisé le commerce équitable. Ces derniers, à partir des années cinquante et soixante, se sont insurgés contre un système qui a été déclaré « injuste ». À sa place, ils ont proposé une alternative et ils l'ont réalisée sur la base d'une idéologie plus ou moins structurée. Ensuite, ils ont pris le risque de voir leur projet se briser dans le passage toujours délicat du monde des idées à celui de la pratique.

Les monades qui, dans l'ONG, ont eu à gérer ce projet affichent des attitudes qui sont autres que celle des fondateurs du commerce équitable. Ici, des subjectivités multiples, fractionnées à l'intérieur, ont pris la place des sujets, et dans cette nouvelle configuration, la révolte frontale et directe est remplacée par des *contre-conduites*. Les agents d'Helvetas ne se révoltent pas, ils semblent ne pas réussir à imposer un unique point de vue, qu'il s'agisse de celui du siège suisse au Mali ou de celui du Mali au siège suisse. Mais, en fait, ils arrivent à les contenir ensemble à l'intérieur et cela a pour effet de les immobiliser au point d'attendre le déclenchement d'un événement extérieur pour décider de l'un ou de l'autre. Toujours en quête d'équilibre entre ces parties qui les composent, l'unique façon qu'ils ont de faire valoir leurs choix ne s'inscrit pas dans le registre de la logique d'un raisonnement rationnel, mais de leur « *nécessité* » prouvée par les événements. « *Les faits nous donnent raison* », dit la directrice d'Helvetas.

Si les sujets modernes ont pour coutume de se révolter, les subjectivités postmodernes se caractérisent par des contre-conduites qui ne détruisent pas le système, mais le transforment de l'intérieur tout en assurant son fonctionnement. Dans ce contexte, le développement durable semble signer le passage d'une application stricte du projet où les sujets exécuteurs agissent à la poursuite d'objectifs et de buts inébranlables, à une expérimentation du projet où les subjectivités qui suivent sa mise en place peuvent le modifier tout en suivant les nécessités du hasard.

L'oxymore du *développement durable* signe l'entrée du développement dans la postmodernité où tous les contraires sont appelés à cohabiter. Dans ce cadre, les subjectivités renoncent à une action volontariste et elles abdiquent sous l'impulsion d'une *nécessité*, qui, dans les faits, reste à questionner.

Bibliographie

Abélès M., 2006, *Politique de la survie.* Paris, Flammarion.

Agamben G., 1997, *Homo Sacer. Le pouvoir Souverain et la vie nue.* Paris, Éditions du Seuil.

Agamben G., 2002, *Moyens sans fins.* Paris, Rivage Poche Éditions.

Agier M., 2006, « Le gouvernement humanitaire et la politique des réfugiés. » in Cornu L. et Vermeren P., *La philosophie déplacée : Autour de Jacques Rancière.* Colloque de Cerisy, Paris, Horlieu Éditions, oct. 2006.

Althabe G., 1990, « Ethnologie du contemporain et enquête de terrain », *Terrain 14,* p. 23-36.

Atlani-Duault L., 2005, *Au bonheur des autres. Anthropologie de l'aide humanitaire.* Paris, Société d'ethnologie.

Augé M., 2006, *Le métier d'anthropologue.* Paris, Éditions Galilée.

Baré J.-F., 1997, « L'Anthropologie et les politiques de développement », *Terrain,* n° 28, mars 1997. http://terrain.revues.org/3180

Boltanski L., 2007, (1993) *La souffrance à distance.* Paris, Folio Essais.

Bourdieu P., 1994, *Raisons pratiques. Sur la théorie de l'action,* Paris, Le Seuil.

Chambers R., 1983, *Rural development : Putting the Last First.* Longman, Press, London.

Clifford J., Marcus G., 1986 *Writing Culture : the poetics and politics of ethnography.* Berkley, University of California Press.

Cohen S., 2004, « ONG, altermondialisation et société civile internationale. » *Revue française de science politique,* 2004/3 Vol. 54, p. 379-397.

Deleuze G., 1983, *L'image-mouvement.* Paris, Les Éditions de Minuit.

Deleuze G., 2007, (1953), *Empirisme et subjectivité.* Paris, Éditions Puf.
Diallo H., 2009, « Avant-première du départ de la Directrice d'Helvetas Mali : une fête à la dimension de la dame au cœur d'or. » http://www.maliweb.net/category.php?NID=45788 consulté le 20/01/10.
Diakité L., Ton van der Krabben M., 2008, *Évaluation du Programme de Promotion de Coton Bio et Équitable au Mali (Phase II, 2006-2008)* Helvetas Mali.
Diaz Pedregal V., 2006, « Le commerce équitable : un des maillons du développement durable ? » in *Développement durable et territoire,* Dossier 5 : Économie plurielle, responsabilité sociétale et développement durable, mis en ligne le 10 janvier 2006.
URL : http://developpementdurable.revues.org/document1644.html. Consulté le 18 mai 2008.
Klossowski P., 1980, *Le bain de Diane.* Paris, Gallimard.
Fassin D., 2010, *La raison humanitaire.* Paris, Gallimard Seuil.
Foucault M., 2001, *Dits et écrits.* Paris, Gallimard.
Foucault M., 2004, *Naissance de la biopolitique. Cours au collège de France, 1978-1979.* Paris, Gallimard Seuil.
Giddens A., 1990, *The consequences of Modernity* Cambridge, Polity Press.
Gindroz A.-S., 2009a, *À cœur ouvert. Le Développement en dix tableaux.*
Gindroz A.-S., 2009b, *Récits de vie, pages africaines.* Lyon, Éditions Baudelaire.
Godelier M., 2007, *Au fondement des sociétés humaines.* Éditions Albin Michel.
Goffman E., 1973, *La mise en scène de la vie quotidienne. 1 La présentation de soi.* Paris, Les Éditions de Minuit.

Goody J., 1979, *La raison graphique. La domestication de la pensée sauvage.* Paris, Les Éditions de Minuit.
Halbwachs M., 1976, *Les cadres sociaux de la mémoire,* Paris, La Haye, Mouton.
Hettne B., 1990, *Development Theory and the Three Worlds.* Longman Development Studies, Harlow.
Helvetas, 2004, *Partenaires. Dossier Mali* n° 178-novembre, Helvetas, Zurich.
Hirschman A. O., 1981, *Essays in Trespassing : Economics to Politics and Beyond,* Cambridge University Press. (trad.it. *Ascesa e declino dell'antropologia dello sviluppo e altri saggi* a cura di A. Ginzburg, Torino, Rosenberg & Sellier.)
Lahire B., 2011, *L'homme pluriel. Les ressorts de l'action.* Paris, Pluriel.
Leibniz B., 1677, *L'Éthique.* Paris, Folio.
Lloyd G.E.R., 1993, *Pour en finir avec les mentalités,* Paris, La Découverte.
Lloyd C., 2000, « Globalization : Beyond the Ultra- Modernist Narrative to a Critical Realist Perspective on Geopolitics in the Cyber Age », *International Journal of Urban and Regional Research,* 24, 2, p. 258-73.
Lyotard J.F., 1979, *La condition postmoderne,* Paris, Éditions de Minuit.
Merleau-Ponty, 2010, (1985), *L'œil et l'Esprit.* Paris, Folio Essais.
McMichael P., 1996, *Development and Social Change. A Global Perspective.* London, Pine Forge Press.
Mockli T., 2005, *Une histoire mouvementée : Helvetas a 50 ans 1955-2005.* Zurich, Éd. Helvetas.
Nisbet R., 1980, *History of Idea of Progress,* London, Heinemann Education Books.
Preston P.W., 1982, *Theories of Development,* London, Routledge & Kegan Paul.

Rancière J., 2008, (2000), *Le partage du sensible. Esthétique et politique.* Paris, La Fabrique Éditions.
Robinson W.I., 2002, « Remapping development in the light of globalisation from a territorial to a social cartography. *Third World Quartely,* 23 (6) 1047-71.
Rubino R., 2015, *Au-delà du don et du marché. Des bogolans au coton bio-équitable du Mali.* » Paris, Éditions L'Harmattan.
Sanago B., 1989, *Le rôle des cultures commerciales dans l'évolution de la société Senoufo (Sud du Mali),* Bordeaux : CRET.
Sauvy A., 1952, « Trois mondes, une planète. », *L'Observateur,* n° 118, p.14.
Sen G., 1984, *The Military Origins of Industrialization and International Trade Rivalry,* London, Frances Pinter.
Sloterdijk P., 2000, *La mobilisation infinie.* Paris, Christian Bourgois Éditeur.
Smith A., 1990, *Théorie des sentiments moraux,* Paris, Presses universitaires de France.
Streeten P., 1994, « Human development Means and Ends. » *The American Economic Review* Vol. 84, n° 2, Papers and Proceding of the Hundred and Sixth annual Meeting of the American Economic Association (May, 1994) p. 232-237.
Tarde G., 1901, *L'opinion et la foule.* Paris, Presses universitaires de France. Collection « Les classiques des sciences sociales ». Site web http://classiques.uquac.ca/
UNDP, 1995, *Rapporto sullo sviluppo umano 5. Nuove sicurezze.* Rosenberg & Sellier.
Vaillancourt J.G., Bamago, 2006, « Commerce équitable et développement durable : Concepts opposés ou complémentaires ? » Deuxième colloque international sur le commerce équitable 19-12/6/2006. Montréal, Québec, Canada. Chaire de responsabilité sociale et de développement durable http://www.crsdd.ugam.ca

Wallerstein I., 1975, *After Liberalism,* New York, The New Press.
Wallerstein I., 1976, *The Modern World-System : Capitalist Agriculture and the Origins of European World Economy in the Sixteenth Century.* New York, Academic Press.

ENVIRONNEMENT, ÉCOLOGIE ET DÉVELOPPEMENT

AUX ÉDITIONS L'HARMATTAN

Dernières parutions

GUIDE DE L'ACCOMPAGNEMENT DES PORTEURS DE PROJETS D'AUTO-EMPLOI
Rosanvallon André
En Afrique, la crise de l'emploi constitue un défi majeur pour les politiques de développement. Il faut créer massivement des emplois dans le secteur moderne (privé, public ou semi-public) et dans le secteur informel (à condition qu'il s'agisse d'emplois décents). Ces opportunités sont limitées. Il reste alors la création d'emploi par l'auto-emploi au sein d'activités génératrices de revenus. Il convient aujourd'hui de renforcer les dispositifs, d'accompagner les porteurs de projets et de renforcer les compétences de leurs agents.
(Coll. La Librairie des Humanités, 18.00 euros, 174 p.)
ISBN : 978-2-343-00319-1, ISBN EBOOK : 978-2-296-53114-7

TERRES RARES : ENJEU GÉOPOLITIQUE DU XXIe SIÈCLE
Chine, Etats-Unis, Europe, Japon, Groenland
Degeorges Damien - Préface de Per Stig Moller, ancien ministre danois des Affaires étrangères (2001-2010) ; postface de Palle Christiansen, ministre groenlandais de l'Éducation, de la Recherche et de la Coopération nordique
Groupe de métaux aux caractéristiques indispensables pour de nombreuses applications civiles et militaires, les terres rares se retrouvent dans les technologies vertes ainsi que dans les technologies au coeur de notre société (téléphones portables, écrans plats). Elles revêtent une dimension géopolitique majeure depuis que la Chine, qui contrôle 97% de la production mondiale, a réduit ses exportations. États-Unis, Europe et économies de l'Asie-Pacifique se tournent désormais vers un des principaux eldorados en la matière : le Groenland.
(Coll. Un autre regard / Paris School of Business, 10.50 euros, 78 p.)
ISBN : 978-2-336-00222-4, ISBN EBOOK : 978-2-296-50837-8

DES EXTRÊMES DANS LE MONDE, DE DHAKA À DOHA
Le Quément Joël
Cet essai interpelle sur des réalités économiques et sociales fortement inégales dans le monde, en particulier en Asie et dans le golfe Persique. Le XXIe siècle se caractérise par une forte croissance de la population dans certaines régions du monde et par des flux migratoires puissants. Que dire des tensions nées de ces déséquilibres ? Comment répondre à l'explosion des besoins en alimentation, énergies, infrastructures ? Y a-t-il des formes nouvelles de partage des richesses possibles ?
(14.00 euros, 126 p.)
ISBN : 978-2-336-00313-9, ISBN EBOOK : 978-2-296-50933-7

DIMENSION (LA) SACRIFICIELLE DE LA GUERRE
Essai sur la martyrologie politique
Mashimango Abou-Bar Abelard - Préface de Pascal Hintermeyer
Voici une analyse polémologique fondée sur une approche multidisciplinaire et une culture de la sociologie politique dont les suggestions - comme la ritualisation de la guerre, la martyrologie, les mythes, la question de l'honneur et du prestige, et la dimension sacrificielle des stratégies - conduisent, à la fois, à l'examen exploratoire de la dynamique guerrière et à une réflexion approfondie des conflits armés contemporains.
(Coll. Questions contemporaines, 22.50 euros, 226 p.)
ISBN : 978-2-336-00363-4, ISBN EBOOK : 978-2-296-50824-8

DIMENSIONS OF WAR
Understanding War as a Complex Adaptive System
Solvit Samuel
With today mutable identities and various kinds of warfare, how do we further our understanding of war? Reviewing influential war theories from Machiavelli to the present, this book analyses how they reduce war in terms of time, space, interaction, purpose, aim, and/or evolution. Considering war as a complex adaptive system allows us to increase our overall comprehension of contemporary wars.
(Coll. Diplomacy and Strategy, 15.50 euros, 152 p.)
ISBN : 978-2-296-99721-9, ISBN EBOOK : 978-2-296-50839-2

UN MONDE DE FEU
Réchauffement environnemental et surchauffe sociale
Berger Corinne, Roques Jean-Luc
Les phénomènes de surchauffe environnementaux et sociaux observés de nos jours semblent difficilement maîtrisables. Le monde est plus que jamais en feu. N'existe-t-il pas un certain parallélisme entre réchauffement environnemental et embrasement social ? Pour se protéger, on assiste à un retour au foyer que l'on retrouve dans des dynamiques de ségrégations territoriales. Ces comportements n'attisent-ils pas le feu ? Existe-t-il des solutions ?
(Coll. Sociologies et Environnement, 20.00 euros, 202 p.)
ISBN : 978-2-336-00453-2, ISBN EBOOK : 978-2-296-50940-5

SOLIDARITÉS (LES) À L'ÉPREUVE DES CRISES
Sous la direction de Béatrice Muller, Jean-Claude Barbier, Maryse Bresson
Notre système de protection sociale n'a pas échappé aux réformes engagées en Europe dans le contexte de crise. Il est perçu à la fois comme un rempart à la crise et comme un obstacle à une reprise économique. Les auteurs tentent donc de comprendre comment ces différentes idées pénètrent les réalités des solidarités publiques et privées.
(Coll. Institut de la Ville et du Développement, 25.00 euros, 246 p.)
ISBN : 978-2-336-00322-1, ISBN EBOOK : 978-2-296-50987-0

ÉVALUATION (L') DES POLITIQUES PUBLIQUES
Défi d'une société en tension
Sous la direction de Gaëlle Baron et Nicolas Matyjasik
L'évaluation des politiques publiques constitue un instrument à disposition des pouvoirs publics pour engager les mutations nécessaires de leur action. Elle doit

accompagner et si possible précéder ces évolutions. L'implication des citoyens et la diffusion grand public sont par exemple des réponses aux attentes de participation à la décision publique. L'évaluation doit aussi adapter ses méthodologies et identifier les priorités d'intervention.
(Coll. La Librairie des Humanités, 29.00 euros, 282 p.)
ISBN : 978-2-336-00445-7, ISBN EBOOK : 978-2-296-50864-4

ÉDUQUER À LA BIODIVERSITÉ POUR UN DÉVELOPPEMENT DURABLE – Réflexions et expérimentations
Matagne Patrick
Il était utile d'aborder d'une autre façon ce champ où biodiversité et développement s'entrecroisent dans une perspective pédagogique et expérimentale. Ce livre croise les scènes de la nature avec les scènes de l'homme et de la société. Voici un manuel utile aux étudiants, enseignants, formateurs, chercheurs et éducateurs en environnement et développement durable.
(Coll. Biologie, écologie, agronomie, 13.00 euros, 112 p.)
ISBN : 978-2-296-99354-9, ISBN EBOOK : 978-2-296-50914-6

TERRE (LA), QUESTION VITALE AU XXIe SIÈCLE
Sous la direction de Belkacem Belmekki, Madhu Benoit, Michel Naumann, Joëlle Weeks
Comment l'Inde et l'Afrique ont-elles construit le rapport de l'homme à la terre ? C'est la quête d'une unité perdue et celle d'une possible reconquête de la terre que restitue cette étude. Elle se décline en trois mouvements : mythologies et religions offrent à la réflexion contemporaine un cadre intellectuel, spirituel et écologique. Le récit se clôture sur le thème d'une reconquête vitale qui allie spiritualité et développement durable, économie et écologie, richesse linguistique et patrimoniale.
(Coll. Discours identitaires dans la mondialisation, 23.00 euros, 230 p.)
ISBN : 978-2-336-00120-3, ISBN EBOOK : 978-2-296-50991-7

GENRE, CHANGEMENTS AGRAIRES ET ALIMENTATION
Sous la direction de Christine Verschuur
Cet ouvrage propose de donner matière à réfléchir sur les processus d'appauvrissement des paysannes et paysans. Près d'un milliard de personnes ont faim dans le monde et paradoxalement 70 % d'entre elles font partie de familles paysannes. Les ressources naturelles et techniques sont pourtant suffisantes pour assurer une alimentation correcte de l'humanité. Cet éclairage nouveau prétend contribuer à expliquer les inégalités d'accès à l'alimentation dans le développement rural.
(Coll. Cahier du genre et développement, 47.00 euros, 480 p.)
ISBN : 978-2-296-99303-7, ISBN EBOOK : 978-2-296-50608-4

ÉCOLOGIE ET ÉVOLUTION DU MONDE VIVANT (Volume 1)
Le vie est une transmission d'information
Godron Michel
Comment résoudre les problèmes écologiques mondiaux qui se posent aujourd'hui ? Quels changements de nos mentalités et quelles innovations

techniques seront nécessaires ? Ce volume répond à la question «Qu'est-ce que la vie ?» Depuis qu'elle est apparue sur terre, l'évolution des êtres vivants a suivi un «modèle» écologique et cybernétique très général, qui a conduit à la biodiversité actuelle, qui dépend elle-même des climats et des sols.
(Coll. Biologie, écologie, agronomie, 54.50 euros, 612 p.)
ISBN : 978-2-296-55870-0

ÉCOLOGIE ET ÉVOLUTION DU MONDE VIVANT (Volume 2)
L'échelle crée le phénomène
Godron Michel
Comment résoudre les problèmes écologiques mondiaux qui se posent aujourd'hui ? Quels changements de nos mentalités et quelles innovations techniques seront nécessaires ? Ce volume présente l'étude statistique de la répartition écologique des plantes et des animaux à l'échelle biogéographique des continents et des étages de végétation ainsi qu'à l'échelle des communautés végétales et animales et des paysages.
(Coll. Biologie, écologie, agronomie, 38.00 euros, 388 p.)
ISBN : 978-2-296-55871-7

ÉCOLOGIE ET ÉVOLUTION DU MONDE VIVANT (Volume 3)
Les problèmes écologiques actuels
Godron Michel
Comment résoudre les problèmes écologiques mondiaux ? Quels changements de nos mentalités et quelles innovations techniques seront nécessaires ? Ce volume retrace l'arrivée discrète de l'Homme dans la biosphère, amorcée depuis deux millions d'années, et son emprise écologique du Paléolithique à nos jours. Il se termine par l'analyse des problèmes écologiques actuels, qui sont surtout le fruit délétère de notre société de surconsommation.
(Coll. Biologie, écologie, agronomie, 61.00 euros, 750 p.)
ISBN : 978-2-296-55872-4

ÉCONOMIE DE L'ENVIRONNEMENT
Outils de gestion économique de la biodiversité
Ngo Nonga Fidoline
Préface de Jacques Fame Ndongo - Avant-propos de Claude Njomgang
L'érosion de la biodiversité est effrayante. La dégradation des forêts tropicales s'accélère jour après jour, entraînant la disparition de nombreux actifs naturels. D'autres écosystèmes, fortement riches en biodiversité, subissent le même sort, ce qui met en péril les bases de la vie sur terre. Cette forte dégradation de la biodiversité appelle tous les humains à adopter des comportements conservateurs. Ce livre décrypte les principales problématiques de l'économie de l'environnement.
(Coll. Harmattan Cameroun, 31.00 euros, 306 p.)
ISBN : 978-2-296-99058-6

L'Harmattan Italia
Via Degli Artisti 15; 10124 Torino

L'Harmattan Hongrie
Könyvesbolt ; Kossuth L. u. 14-16
1053 Budapest

L'Harmattan Kinshasa
185, avenue Nyangwe
Commune de Lingwala
Kinshasa, R.D. Congo
(00243) 998697603 ou (00243) 999229662

L'Harmattan Congo
67, av. E. P. Lumumba
Bât. – Congo Pharmacie (Bib. Nat.)
BP2874 Brazzaville
harmattan.congo@yahoo.fr

L'Harmattan Guinée
Almamya Rue KA 028, en face
du restaurant Le Cèdre
OKB agency BP 3470 Conakry
(00224) 657 20 85 08 / 664 28 91 96
harmattanguinee@yahoo.fr

L'Harmattan Mali
Rue 73, Porte 536, Niamakoro,
Cité Unicef, Bamako
Tél. 00 (223) 20205724 / +(223) 76378082
poudiougopaul@yahoo.fr
pp.harmattan@gmail.com

L'Harmattan Cameroun
BP 11486
Face à la SNI, immeuble Don Bosco
Yaoundé
(00237) 99 76 61 66
harmattancam@yahoo.fr

L'Harmattan Côte d'Ivoire
Résidence Karl / cité des arts
Abidjan-Cocody 03 BP 1588 Abidjan 03
(00225) 05 77 87 31
etien_nda@yahoo.fr

L'Harmattan Burkina
Penou Achille Some
Ouagadougou
(+226) 70 26 88 27

L'Harmattan Sénégal
10 VDN en face Mermoz, après le pont de Fann
BP 45034 Dakar Fann
33 825 98 58 / 33 860 9858
senharmattan@gmail.com / senlibraire@gmail.com
www.harmattansenegal.com

L'Harmattan Bénin
ISOR-BENIN
01 BP 359 COTONOU-RP
Quartier Gbèdjromèdé,
Rue Agbélenco, Lot 1247 I
Tél : 00 229 21 32 53 79
christian_dablaka123@yahoo.fr

Achevé d'imprimer par Corlet Numérique - 14110 Condé-sur-Noireau
N° d'Imprimeur : 120177 - Dépôt légal : juillet 2015 - *Imprimé en France*

www.ingramcontent.com/pod-product-compliance
Lightning Source LLC
LaVergne TN
LVHW010918061026
849535LV00007B/2130
* 9 7 8 2 3 4 3 0 6 8 7 5 6 *